essentials

Essentials liefern aktuelles Wissen in konzentrierter Form. Die Essenz dessen, worauf es als „State-of-the-Art“ in der gegenwärtigen Fachdiskussion oder in der Praxis ankommt. essentials informieren schnell, unkompliziert und verständlich

- als Einführung in ein aktuelles Thema aus Ihrem Fachgebiet
- als Einstieg in ein für Sie noch unbekanntes Themenfeld
- als Einblick, um zum Thema mitreden zu können

Die Bücher in elektronischer und gedruckter Form bringen das Expertenwissen von Springer-Fachautoren kompakt zur Darstellung. Sie sind besonders für die Nutzung als eBook auf Tablet-PCs, eBook-Readern und Smartphones geeignet.

Essentials: Wissensbausteine aus den Wirtschafts, Sozial- und Geisteswissenschaften, aus Technik und Naturwissenschaften sowie aus Medizin, Psychologie und Gesundheitsberufen. Von renommierten Autoren aller Springer-Verlagsmarken.

Heidi Möller • Silja Kotte

Diagnostik im Coaching kurzgefasst

Eine Einführung für Berater, Personaler und Führungskräfte

Prof. Dr. Heidi Möller
Universität Kassel
Deutschland

Dr. Silja Kotte
Universität Kassel
Deutschland

ISSN 2197-6708
essentials
ISSN 2197-6716 (electronic)
ISBN 978-3-658-12178-5
ISBN 978-3-658-12179-2 (eBook)
DOI 10.1007/978-3-658-12179-2

Die Deutsche Nationalbibliothek verzeichnet diese Publikation in der Deutschen Nationalbibliografie; detaillierte bibliografische Daten sind im Internet über http://dnb.d-nb.de abrufbar.

Springer

Gedruckt auf säurefreiem und chlorfrei gebleichtem Papier

Springer Fachmedien Wiesbaden ist Teil der Fachverlagsgruppe Springer Science+Business Media
(www.springer.com)

Was Sie in diesem Essential finden können

- Eine Begriffsklärung zum Thema „Diagnostik im Coaching“ und Gründe, die für ein systematisches diagnostisches Vorgehen im Coaching sprechen.
- Eine Zusammenfassung der Grundzüge diagnostischer Zugangsweisen im Coaching aus unterschiedlichen theoretischen Perspektiven bzw. „Coachingschulen“.
- Einen Überblick über die Vielfalt diagnostischer Verfahren für die verschiedenen Ebenen der Coachingdiagnostik: Individuum, Rolle, Team und Organisation.
- Praktische Hinweise zur Auswahl und Kombination verschiedener diagnostischer Verfahren mit Hilfe des „Kasseler Coaching Rasters“ sowie einen Leitfaden für die Eingangsdiagnostik im Coaching, das „Kasseler Coaching Inventar“.

Vorwort

Coachingbücher gibt es viele. Jedes Jahr gelangen zahlreiche Werke auf den Markt. Es wird geschrieben über: Coachingtools und -methoden, Coachingansätze und -theorien, die Coach-Coachee-Beziehung und vieles mehr. Ein aus unserer Sicht zentrales Thema taucht in der Coachingliteratur jedoch als eigenständiges Thema überraschend wenig auf: Wie betreiben Coaches ihre „Eingangsdiagnostik"? Auf welche Weise erheben Coaches zu Beginn des Coachingprozesses die Ausgangssituation ihrer Coachees? Wie machen sie sich systematisch ein Bild der beruflichen Situation des Coachees, und wie planen sie darauf aufbauend ihr Vorgehen? Als praktizierende Coaches und vor allem als Ausbilderinnen von Coaches war es uns ein Anliegen, diese Lücke zu schließen. Ohne saubere Diagnostik – so ist unsere Haltung – kann kein guter Coachingprozess gelingen, und ohne systematische Eingangsdiagnostik kann es keine aussagekräftige Wirksamkeitsforschung zu dem sich großer Beliebtheit erfreuenden Beratungsformat Coaching geben.

Unser Buch wendet sich dementsprechend folgenden Fragen zu: Welche unterschiedlichen Herangehensweisen in der „Eingangsdiagnostik" sind möglich und sinnvoll? Vor welchem theoretischen Hintergrund und welchem Diagnostikverständnis wurden diese entwickelt? Für welche Fragestellung brauche ich welches diagnostische Vorgehen? Welche Rolle spielen dabei Intuition, Beziehungsdiagnostik und der Einsatz systematischer Methoden und Instrumente? Das vorliegende Buch soll einen Überblick geben und die Neugier wecken, sich eingehender mit Fragen der Diagnostik im Coaching zu beschäftigen. Für Anfänger_innen mag das Buch eine Hilfestellung sein, der Komplexität des Beratungsauftrags zu begegnen, für die alten Hasen und Häsinnen Ergänzungen ihres professionellen Handels bieten.

In der Diskussion mit Coaches unterschiedlichster professioneller Provenienz ist uns klar geworden, wie unterschiedlich die Haltung zu Theorie und Methodik der Diagnostik sein kann. Diagnostik scheint für einige Kolleg_innen durchaus negativ im Sinne einer Festlegung oder gar Zementierung erster Eindrücke besetzt zu sein. Wir möchten Sie, unsere Leser_innen, einladen, sich durchaus mit Ambivalenz – zwischen Neugier und Zähneknirschen – damit zu beschäftigen, was Diagnostik im Sinne eines genauen und systematischen Erfassens der Ausgangssituation des Coachees für das Coaching leisten kann und wie sich im Laufe des Coachingprozesses neue diagnostische Fragen stellen können.

Wir freuen uns, mit dem „Essential Diagnostik im Coaching" ein Grundlagenwerk für die eilige Leser_in bereitstellen zu können. In unserem Buch „Diagnostik im Coaching" (Möller und Kotte 2013) können Sie Ihre Erkenntnisse vertiefen. Dort stellen herausragende Autor_innen, die in Wissenschaft und Praxis zu Hause sind, ihre unterschiedlichsten Perspektiven zum Thema Diagnostik im Coaching vor. Die jeweiligen Blickwinkel unterschiedlicher Coachingschulen finden ebenso ihren Platz wie unterschiedlichste Verfahren: psychometrische und projektive Verfahren, der Einsatz kreativer Medien und die Kompetenzdiagnostik sowie Verhaltensstichproben, um nur einige zu nennen. Im Coaching werden vorrangig Rollenträger_innen beraten, die Teil eines Teams sind oder Teams leiten, die wiederum eingebettet sind in eine Gesamtorganisation. So werden auch Diagnoseverfahren vorgestellt, die jenseits der individuellen Ebene Rollen-, Team- und Organisationsfragen fokussieren.

Wir wünschen Ihnen viel Freude bei der Lektüre dieses systematischen, facettenreichen und fundierten Überblicks zur Diagnostik im Coaching. Mögen Ihre eigenen Gedanken weiter Gestalt annehmen!

Kassel, im November 2015

Heidi Möller
Silja Kotte

Das Inventar als Kopiervorlage, die für die Praxis genutzt werden kann, steht online als Zusatzmaterial zu Möller und Kotte (2013), Diagnostik im Coaching zur Verfügung. Diese können Sie unter folgendem Link nach Eingabe der ISBN 978-3-642-37965-9 herunterladen:

http://extras.springer.com/

Inhaltsverzeichnis

1 Einleitung: Begriffsklärung und Gegenstandsbeschreibung

„Diagnostik" geht auf das griechische Verb „diagignóskein" zurück, das verschiedene Facetten eines Wahrnehmungs- und Informationsverarbeitungsprozesses vom Erkennen bis zum Beschließen umfasst. Das Verb bedeutet „genau kennen lernen", „(sich) entscheiden", „beschließen" (Kaegi 1904, S. 184).

Im medizinischen Kontext wird der Begriff v. a. für das Erkennen und Kategorisieren von Krankheiten und deren Ursachen verwendet. Dass damit eine krankheits- oder defizitorientierte statt ressourcenorientierte Betrachtungsweise einhergehen kann, wird häufig kritisiert. Teilweise wird ein strukturiertes diagnostisches Vorgehen damit insgesamt als defizitorientiert und pathologisierend über Bord geworfen. Insbesondere in der Psychologie, Psychotherapie und angrenzenden Beratungsformen gab es in Abgrenzung von der Medizin und den Anfängen der Psychoanalyse zunächst heftige Distanzierungen von jeglicher Form von Diagnostik.

Versucht man sich einer „Diagnostik", also einem genauen Hinschauen, differenziert zu nähern, muss der möglicherweise eingeengte Blickwinkel reflektiert werden, den einzelne „diagnostische Brillen" nach sich ziehen können. Gleichzeitig ist ein systematisches diagnostisches Vorgehen auch die Grundlage für ein professionelles beraterisches Handeln im Gegensatz zu einem rein intuitiven, auf persönlichen Vorlieben und Vorannahmen begründeten Vorgehen. Denn dieses birgt immer die Gefahr der Wahrnehmungsverzerrung. Wer ist frei von blinden Flecken und unguten Routinen?

Vor diesem Hintergrund ist es sinnvoll, Diagnostik zunächst einmal „breit" zu verstehen als „das systematische Sammeln und Aufbereiten von Informationen mit dem Ziel, Entscheidungen und daraus resultierende Handlungen zu begründen, zu kontrollieren und zu optimieren [...]" (Jäger und Petermann 1995, S. 11). Es geht also darum, das Erkunden und Explorieren, das im Coaching ohnehin immer stattfindet, zu systematisieren und strukturieren, um das beraterische Handeln und Intervenieren in möglichst optimaler Weise daraus abzuleiten. Dass diagnostische

H. Möller, S. Kotte, *Diagnostik im Coaching kurzgefasst*, essentials,
DOI 10.1007/978-3-658-12179-2_1

Kompetenz gerade auch für Coaches hohe Relevanz hat, wird zunehmend postuliert (u. a. Leitner 2008). Eine „saubere" Diagnostik im Sinne einer differenzierten Zielklärung, Problemeingrenzung und individuellen Analyse der Ausgangsbedingungen des Coachingprozesses wurde zudem als Wirkfaktor im Coaching bereits empirisch belegt (Greif 2008; Kotte et al. 2015; Schermuly et al. 2014).

Für das Coaching relevant ist darüber hinaus, dass sich dieses systematische Sammeln und Aufbereiten von Informationen nicht nur auf Individuen, also die Coachees selbst bezieht, sondern auch auf deren Umfeld, d. h. auf ihre Rolle, auf die Gruppen und Teams, in die sie eingebunden sind und auf den organisationalen Kontext. Coaching findet als berufsbezogenes Beratungsformat immer an der Schnittstelle von Person und Organisation statt. Es unterscheidet sich gerade durch die Einbettung in den organisationalen Kontext von anderen, nicht arbeitsweltbezogenen Beratungsformaten. Das diagnostische Sammeln und Bündeln von Informationen auf mehreren Ebenen ermöglicht es, relevante Charakteristika unterschiedlicher „Merkmalsträger" (vom individuellen Coachee bis zu der Organisation, in die er eingebettet ist) und ihres Zusammenwirkens zu identifizieren. So können die „Daten" zu einem Urteil – einer vorläufigen Diagnose, Situationseinschätzung oder Prognose – integriert werden (Jäger und Petermann 1995, S. 11). Dieses kann dann als Grundlage für die weitere Prozessplanung und -gestaltung im Coaching genutzt werden.

Eine Ein- und Abgrenzung vorab: Das vorliegende Essential setzt seinen Fokus auf die Eingangsdiagnostik im Coaching und geht daher nicht auf die kontinuierliche Prozessdiagnostik ein. Diese ist bei einem prozesshaften Beratungsformat wie dem Coaching selbstverständlich unabdinglich. Auch greifen Diagnostik und Intervention gerade im Coaching sehr eng ineinander; auch diese Verzahnung setzen wir voraus, gehen auf sie zur Fokussierung des Essentials jedoch nicht näher ein. Die zur (Eingangs-)Diagnostik verwendeten theoretischen Zugänge und Verfahrensarten werden dagegen weit gefasst und beziehen ein Spektrum psychometrischer, projektiver, kreativer und verhaltensorientierter Zugänge mit ein. Das Gleiche gilt für den Gegenstandsbereich der Diagnostik vom Individuum bis zum organisationalen Kontext: Coaching-Diagnostik muss neben einer Individualdiagnostik des Coachees notwendigerweise auch die Ebenen der Rolle(n), die der Coachee inne hat, einen Blick auf das Team, in dem er arbeitet oder das er leitet, sowie die Organisation mit ihrer spezifischen Dynamik berücksichtigen. Coaching schließlich wird im Rahmen dieses Essentials „eng" definiert, nämlich als *berufsbezogene* Einzelberatung von Führungskräften, Verantwortungsträger_innen und Selbstständigen durch eine externe Beraterin.

2 Was wir bisher über Diagnostik im Coaching wissen: Eine Zusammenfassung der bis dato verfügbaren Literatur

Eine systematische Darstellung diagnostischer Zugänge und Analyseebenen im Coaching fehlte bisher. Es gibt einzelne Artikel oder Buchbeiträge, die sich vor einem spezifischen theoretischen – oft psychotherapeutisch geprägten – Hintergrund Teilaspekten von Diagnostik in der Beratung und manchmal auch speziell im Coaching widmen. Sie beinhalten teils grundlegendere theoretische Überlegungen zur Diagnostik in der Beratung aus der Sicht der jeweiligen „Schule“, teils auch konkrete Modelle oder Instrumente, die in der (Coaching-)Diagnostik genutzt werden können. So gibt es beispielsweise Beiträge aus der Gesprächspsychotherapie, etwa zur diagnostischen Arbeit mit dem Differenziellen Inkongruenz Modell in der Beratung (Speierer et al. 2010), aus der Gestalttherapie, etwa zur Nutzung des Gestalttypenindikators als gestaltorientiertem Diagnoseinstrument für Coaching und Therapie (Blankertz 2008), aus der psychodynamischen Beratung, etwa zu einem psychoanalytisch geprägten Diagnostikverständnis im Coaching (z. B. West-Leuer 2003) oder aus dem Psychodrama zu allgemeinen Überlegungen zur Diagnostik im Psychodrama bzw. zum Einsatz psychodramatischer Techniken in Supervision und Coaching (Burmeister 2004; Krall und Schulze 2004).

Darüber hinaus existiert – meist ohne expliziten theoretischen Hintergrund – eine Fülle von Einzelbeiträgen, in denen der Einsatz konkreter diagnostischer Verfahren im Rahmen von Coaching beschrieben wird. Dargestellt werden unterschiedlichste Verfahren von Persönlichkeitsfragebögen und Fragebögen zum Führungsverhalten über Work-Life-Balance-Screenings, Archetypenarbeit, Kompetenzenbilanzierung bis zu Rollenspielen und kreativen Medien (z. B. Beddoes-Jones und Miller 2007; Burke 2008; Candis Best 2010; Nowak 2007; Schaller 2009; Schaeffner 2004; Langhainzl 2000; Staggs und Hurley 2007).

Erste Versuche einer Systematisierung diagnostischer Verfahren im Coaching liegen zum aktuellen Zeitpunkt lediglich zum Einsatz psychometrischer Tests vor (Passmore 2007, 2008, 2012). Hier gibt es einen englischsprachigen

H. Möller, S. Kotte, *Diagnostik im Coaching kurzgefasst,* essentials,
DOI 10.1007/978-3-658-12179-2_2

Herausgeberband *Psychometrics in Coaching: Using Psychological and Psychometric Tools for Development* (Passmore 2008, 2012). Im 1. Teil des Bandes wird eine generelle Einführung in psychometrische Verfahren gegeben: Qualitätskriterien werden erläutert und unterschiedliche Arten psychometrischer Tests (Persönlichkeits-, Fähigkeits- und Motivationstests sowie auf Einzelpersonen vs. Teams bezogene Verfahren) differenziert. Anschließend wird ihr Einsatz in Beratung und Personalentwicklung, d. h. in entwicklungsfördernden Kontexten beleuchtet, und das Zusammenspiel von Coaching und Feedback wird diskutiert. Der 2. Teil des Bandes stellt eine Vielzahl einzelner psychometrischer Verfahren und ihren Einsatz im Coaching genauer vor. Dabei sind schwerpunktmäßig auf das Individuum bezogene Tests mit unterschiedlichem inhaltlichem Fokus (u. a. Persönlichkeit, Führungsverhalten, emotionale Intelligenz, Stressresistenz, Motivfragebögen) enthalten, aber auch einige teamdiagnostische Verfahren.

Auch die unterschiedlichen Funktionen der Diagnostik im Rahmen von Coaching wurden bisher erst in Ansätzen diskutiert. So unterscheiden z. B. Passmore (2007, 2012) sowie Allworth und Passmore (2012) eine am individuellen Profil des Coachees ausgerichtete von einer kriteriumsorientierten Coachingdiagnostik. Während die profilorientierte Diagnostik sich auf Kompetenzen, Einstellungen und andere persönliche Charakteristika des Coachees bezieht, berücksichtigt die kriteriumsorientierte Diagnostik explizit Stellenanforderungen und damit die Frage der Passung zwischen Person und Unternehmenskontext. An dieser Unterscheidung wird deutlich, dass neben personenbezogenen Faktoren auch Anforderungen aus dem Arbeitsumfeld des Coachees in die Coachingdiagnostik mit aufgenommen werden müssen.

Genauso wie eine systematische Darstellung diagnostischer Zugänge und Analyseebenen im Coaching fehlt, gibt es bisher auch kaum empirische Untersuchungen dazu, wie Coaches in der Praxis diagnostisch tatsächlich vorgehen. Lediglich für den Bereich psychologischer Testverfahren und Fragebögen gibt es erste empirische Daten, in welchem Umfang und warum Coaches diese einsetzen (u. a. Harper 2008; McDowall und Smewing 2009). Eine Untersuchung aus Großbritannien (McDowall und Smewing 2009) ergab, dass fast 90 % der befragten Coaches psychometrische Verfahren nutzen, am häufigsten Persönlichkeitsfragebögen (86 %) und Mehr-Perspektiven-Feedback (56 %). Coaches wollen mit dem Einsatz psychometrischer Tests nicht nur die Selbstexploration des Coachees fördern und die eigene (Selbst-)Wahrnehmung verfeinern, also diese Tests als Grundlage für die Prozessplanung und -steuerung nutzen (Harper 2008). Es werden durchaus auch Unternehmens- und handfeste wirtschaftliche Interessen mitverhandelt: Als Grund für den Einsatz psychometrischer Verfahren wurden auch die Erwartungen der Organisation benannt, in der Organisation vorhandene Verfahren zu nutzen und damit einen Return-on-Investment auf Lizenzgebühren zu generieren. Auch greifbarere Ergebnisse in Form ausgedruckter Ergebnisreports („glossy reports“ mit wertiger Anmutung) und der Wunsch nach einer sich nach und nach im Unternehmen etablierenden gemeinsamen Sprache wurden genannt. Dass sich die genannten Gründe für den Einsatz psychometrischer Verfahren nicht nur auf Coach und Coachee selbst beziehen, sondern explizit auch auf die Organisation, in deren Kontext das Coaching eingebettet ist, macht deutlich, dass Diagnostik im Coaching nicht nur in der Coach-Coachee-Dyade gedacht werden darf, sondern immer auch im Kontext organisationaler Spannungsfelder steht.

Das vorliegende Essential möchte dazu beitragen, die bestehende Lücke in der Literatur zu schließen, indem es Gründe für eine systematische Diagnostik zusammenfasst, einen Überblick über diagnostische Zugänge und Analyseebenen im Coaching gibt und daraus Hinweise für die Coachingpraxis ableitet.

Warum Diagnostik? 3

Der Begriff „Diagnostik" polarisiert häufig, und die damit verbundenen Assoziationen sind oft geprägt durch den eigenen professionellen Hintergrund von Coaches. Die Frage, welche Bedeutung einer umfassenderen, initialen Exploration zugebilligt wird, ist auch abhängig von der jeweils vertretenen Coachingschule. Darauf wird im Folgenden genauer eingegangen, bevor die Gründe zusammengefasst werden, die für ein systematisches Vorgehen in der Eingangsdiagnostik im Coaching sprechen.

3.1 Systematische Eingangsdiagnostik im Coaching – Zwischen Neugier und Zähneknirschen?

Das diagnostische Vorgehen von Coaches ist immer auch Ausdruck ihres professionellen Hintergrunds. Anders als in Großbritannien, wo der Markt an Coachinganbietern sehr stark von der „Coaching Psychology" geprägt wird, ist der deutschsprachige Coachingraum stark diversifiziert. Ökonominnen, Theologen, Juristinnen, Sozialarbeiter, Politologinnen, Philosophen, Pädagoginnen etc. haben ihre professionsspezifischen „Brillen", die ihre Wahrnehmung zu Beginn eines Coachings lenken. Sie setzen ihre jeweils beruflich sozialisierten Schwerpunkte und betreiben implizit in jedem Fall Diagnostik: Sie sammeln Informationen, um die Coachee und ihr Umfeld zu verstehen und ihr eigenes beraterisches Handeln darauf abzustimmen (Jäger und Petermann 1995, S. 11). Je nachdem, welche Ausbildung sie absolviert haben, werden ihre Kenntnisse unterschiedlich psychologieaffin sein. Ihre Referenztheorien über Veränderung von Erleben und Verhalten von Menschen in Organisationen werden wissenschaftlich fundiert – aktuell oder veraltet – oder eher dem Feld impliziter oder subjektiver Theorien zuzuordnen sein.

H. Möller, S. Kotte, *Diagnostik im Coaching kurzgefasst,* essentials,
DOI 10.1007/978-3-658-12179-2_3

Diese Kolleg_innen stehen im Wettbewerb mit den Coaches, die über ein Psychologiestudium verfügen und für die Diagnostik ein vertrauter Kompetenzbereich ist. Psycholog_innen, die coachen, kennen psychometrische Verfahren und wissen um deren jeweilige methodische Intentionen, Implikationen und Limitationen im Vergleich zu anderen, etwa projektiven oder qualitativen Verfahren. Gleichzeitig sehen auch viele Nicht-Psycholog_innen die Bedeutsamkeit und Sinnhaftigkeit eines systematischen diagnostischen Vorgehens und möchten in diesem Bereich kompetenter werden. Denn auch innerhalb der Psychologie ist es keineswegs so, als bestehe bezüglich der Haltung zur Diagnostik überhaupt und zu spezifischen Verfahren im Besonderen ein Konsens. Es existieren sehr unterschiedliche Einstellungen zur Diagnostik, die von der vehementen Ablehnung eines strukturierten Vorgehens als verwerflichem „Menschen-Schubladieren“ bis zur Forderung nach einem einheitlichen diagnostischen Vorgehen als einzig möglichem Professionshandeln reichen.

In der Tat besteht die Gefahr eines unreflektierten Umgangs mit diagnostischen Verfahren. Coachees können vorschnell in unpassende Typisierungen und/oder Kategorien sortiert werden, insbesondere wenn Coaches nur wenige diagnostische Verfahren kennen und diese immer wieder anwenden, ganz im Sinne des Watzlawick zugeschriebenen Satzes: „Wer als Werkzeug nur einen Hammer hat, sieht in jedem Problem einen Nagel.“ Der Einsatz diagnostischer Verfahren kann für Coaches dazu dienen, eigene Unsicherheiten im Erstkontakt vorschnell „wegzustrukturieren“ und dadurch Möglichkeiten zur Diagnostik innerhalb der sich entfaltenden Beratungsszene, wie die Kontaktdiagnostik oder das szenische Verstehen, verhindern.

Auch bei umfassender Kenntnis diagnostischer Verfahren stellt sich zudem die Frage nach dem Aufwand: Ist es nicht besser, schnell ins Handeln zu kommen, statt zu viele Ressourcen auf das Diagnostizieren zu ver(sch)wenden? Und ist nicht langjährige beraterische Erfahrung ausreichend für eine sinnvolle Coachingplanung, und zudem viel „schneller“? Verfolgen wir die wissenschaftliche Fundierung der Intuition in den letzten Jahren (vgl. Gigerenzer 2008; Möller 1996), so scheint diese durchaus auch für ein Beratungshandeln „aus dem Bauch heraus“ zu sprechen.

Die geneigte Leserin mag sich an dieser Stelle in einen selbstdiagnostischen Prozess begeben und sich die Frage stellen und beantworten:

Wie systematisch, wie standardisiert gehe ich in der Eingangsdiagnostik im Coaching vor? Habe ich einen inneren Leitfaden (implizite Standardisierung) oder leitet mich explizit eine Fragestruktur zu Beginn der Coachingprozesse? Welche Haltung habe ich zu einer Standardisierung von Diagnostik im Coaching? Würde diese mir Sicherheit geben oder fühle ich mich in meinem intuitiven, vielleicht auch kreativen Vorgehen dadurch eingeschränkt? Bin ich der Überzeugung, dass eine standardisierte Diagnostik für meine Kunden hilfreich wäre oder ist? Hilft Diagnostik mir selbst zu einem zielführenderen Vorgehen? Ist die Seele, das Individuum, die Team- und Organisationsdynamik überhaupt messbar? Welche Informationen sind für mich unverzichtbar und welche wären „nice to have", kann ich also erfassen, brauche sie aber nicht unbedingt?

3.2 Was spricht für ein systematisches diagnostisches Vorgehen im Coaching?

Ein systematisches diagnostisches Vorgehen im Coaching wird ja nur dann erfolgen, wenn Coaches der Auffassung sind, dass sie damit die Wirksamkeit ihrer Arbeit erhöhen. Im Folgenden werden einige Argumente aufgeführt, die für ein solches Vorgehen sprechen.

1. Was zu Beginn in gründliche Diagnostik investiert wird („draufgeht"), so zeigt es die Erfahrung, zahlt sich später aus, zumal Diagnostik immer zugleich auch Intervention ist. Eine systematische Diagnostik hilft nicht nur, förderliche Interventionen für den weiteren Coachingprozess abzuleiten. Die Diagnostik selbst regt schon zur Selbstreflexion an. Die Spiegelung der dadurch gewonnenen Eindrücke und Ergebnisse und deren Interpretation eröffnet Gesprächsmöglichkeiten und kann als Erarbeitung eines gemeinsamen Verständnisses von Problemlagen und Lösungswegen von Coach und Coachee betrachtet werden, welche die weitere gemeinsame Arbeit erleichtert.
2. Wenn unstrukturiert im Erstgespräch nachgefragt wird, besteht die Gefahr, Wesentliches zu übersehen und damit fahrlässig zu handeln. Hier hilft vielleicht eine Analogie zur Personalauswahl: Erfahrene Personaler sind häufig überzeugt davon, dass sie ein „Gespür" für die richtigen Kandidaten haben. Die Forschungsbefunde werfen jedoch ein ernüchterndes Licht auf die Vorhersagekraft der weit verbreiteten, minimal strukturierten Interviews: Einschätzungen

aus solchen Interviews sagen deutlich weniger über den tatsächlichen Berufserfolg aus als standardisierte (biographische/situative) Interviews oder psychometrische Tests (Schuler 2003; Kanning 2015). Auch Coaches können von ihrer Wirksamkeit überzeugt sein, ohne dass dies mit der von den Coachees wahrgenommenen Erlebnisqualität zusammenhängt (De Haan et al. 2013). Durch eine Standardisierung im diagnostischen Prozess ist der Coach gezwungen, sich und dem Coachee Fragen zu stellen, die aus seiner jeweiligen Coachingorientierung erst einmal nicht naheliegen, aber blinde Flecken aufdecken und zentrale neue Erkenntnisse bringen könnten.

3. Standardisierte Diagnostik hilft, Wahrnehmungsverzerrungen zu verringern. Manchmal werden Problemlagen, die uns zu heftig erscheinen, übersehen, denn auch Coaches sind nicht ohne Abwehr. Und auch Coaches übertragen auf die Coachees Phänomene, die stark von der eigenen Erfahrungswelt geprägt sind. Beispielsweise ergreifen Coaches diesen Beruf häufig, da sie selbst die Bedrängnis der Arbeit in einer Organisation nicht mehr ertragen wollen und stattdessen in die Selbstständigkeit gehen (vgl. Stippler und Möller 2009). In diesem Fall ist eine Verzerrung der Wahrnehmung organisationaler Phänomene in Richtung negativ zu erwarten, wenn diese (oftmals unbewusste) Berufsmotivation z. B. unzureichend durchgearbeitet wurde. Ein standardisiertes Vorgehen bei der Diagnostik kann durch das Explizieren für eigene blinde Flecken sensibilisieren, die sonst weniger bewusst würden.
4. Die Coachingforschung hat inzwischen die Zielklärung, Zieldefinition und Zielbindung im Coaching als zentrale Prozessvariablen – neben dem Arbeitsbündnis – identifiziert, die mit positiven Coachingeffekten in Verbindung gebracht werden (Möller und Kotte 2011; Kotte et al., im Druck). Coachees benennen als eine der wichtigsten Kompetenzen von Coaches deren Einblick in und Klarheit über die Probleme ihrer Coachees. Auch die Studie von Schermuly, Schermuly-Haupt, Schölmerich und Rauterberg (2014) kann so interpretiert werden, dass eine mangelnde Themen- und Zielfokussierung zu mehr negativen Effekten führt und so den Coachingerfolg beeinträchtigen kann. Eine systematische Diagnostik kann hier einen wertvollen Beitrag zur Zielklärung und damit zum Coachingerfolg leisten.
5. Viele Coachees empfinden diagnostische Einschätzungen als hilfreich. Zahlen, Daten und Fakten helfen ihnen, die Angst vor dem schwer greifbaren Prozess zu reduzieren. Sie sehen sich weniger der Willkür der Coaches ausgesetzt, wenn diese auf wissenschaftlich fundierte Verfahren zurückgreifen. Dies zeigt sich auch in ersten empirischen Ergebnissen. In einer Untersuchung zum Einsatz psychometrischer Diagnostik im Coaching (McDowall und Smewing 2009) nannten Coaches als einen Grund für deren Einsatz im Coaching den explizi-

ten Wunsch der Coachees danach bzw. die Aufforderung der beauftragenden Organisation, standardisierte Assessments einzusetzen, um etwas „Greifbares" in der Hand zu haben. Auftraggeber fordern zudem bisweilen den Einsatz standardisierter diagnostischer Verfahren zum Zwecke einer Erfolgskontrolle von Coaching ein (McDowall und Smewing 2009).

6. Diagnostische Verfahren helfen der Kompetenzdarstellungskompetenz (Galdynski und Kühl 2009) der Coaches. Der „Diagnosekoffer" macht in der Regel Eindruck und unterstützt die Selbstdarstellung der Coaches in organisationalen Kontexten. Ist Coaching als Format noch wenig etabliert, ist die Wissenschaftlichkeit eines Beratungsformates sicherlich auch durch standardisierte diagnostische Zugänge zu demonstrieren und macht die Implementierung stark.
7. Im Coachingprozess lernen Coaches – mit Ausnahme von Verhaltensbeobachtungen in der Beratungsinteraktion oder langjähriger Zusammenarbeit mit einem Unternehmen – in der Regel nur die Konstruktionen der Coachees von ihrer Arbeitswelt kennen. Sie stehen somit immer in der Gefahr, zu stark die Wirklichkeitskonstruktion der Coachees zu übernehmen. Ist der Vorgesetzte wirklich so unerträglich, wie er geschildert wird? Durch den Einsatz diagnostischer Verfahren wie Multi-Perspektiven-Feedback oder Job Shadowing (vgl. Kotte und Künzel 2013; Kaul 2013) entsteht die Möglichkeit, etwas „Drittes" neben die Erzählungen der Coachees und die Eindrücke der Coaches zu stellen.

Unterschiedliche Zugänge zur Diagnostik

4

Um die Vielfalt unterschiedlicher diagnostischer Zugänge und Verfahren zu ordnen, werden sie zunächst aus verschiedenen theoretischen Perspektiven dargestellt, d. h. es werden die Besonderheiten schulenspezifischer Zugänge zur Coachingdiagnostik skizziert. Im Anschluss daran werden die unterschiedlichen Analyseebenen, die im Coaching relevant sind (Person, Rolle, Team, Organisation), einzeln betrachtet.

4.1 Diagnostik aus unterschiedlichen theoretischen Perspektiven/Schulenspezifische Zugänge zur Coachingdiagnostik

Verschiedene theoretische/konzeptuelle Ausrichtungen im Coaching verfügen über ihre jeweiligen diagnostischen Zugänge. Erläutert wird der spezifische diagnostische Zugang aus psychoanalytisch-tiefenpsychologischer, psychodramatischer, gestaltorientierter und kognitiv-verhaltenstherapeutischer Perspektive.

Psychodynamisch orientierte Coaches (vgl. Lohmer und Giernalczyk 2012; Haubl 2008; West-Leuer und Sies 2003) präferieren Zugänge zur Coachingdiagnostik, die es ermöglichen, sich auch dem Unbewussten von Individuen, Teams und Organisationen zu nähern. Methodisch wird auf das Szenische Verstehen (Argelander 2011) und die konsequente Analyse der Übertragungs- und Gegenübertragungsphänomene Wert gelegt. Dabei kommt der Begegnung von Coach und Klient in Form einer Kontaktdiagnostik besondere Bedeutung zu; der Wechsel zwischen Involviertheit und Distanznahme der Coaches ist ein wesentliches Merkmal der psychodynamischen, prozessual angelegten Diagnostik. Benecke und Möller (2013) betonen zudem die Notwendigkeit von (Persönlichkeits-)Strukturdiagnostik bei Führungskräften, um deren Potenziale, aber auch Risikofaktoren systema-

H. Möller, S. Kotte, *Diagnostik im Coaching kurzgefasst,* essentials,
DOI 10.1007/978-3-658-12179-2_4

tisch zu erfassen. Die psychodynamische Diagnostik im Coaching fokussiert zudem auf die psychodynamische Rollenanalyse (Beumer und Sievers 2000), die Charakteristik unterschiedlicher Persönlichkeitsstile von Führungskräften (Kernberg 2000) und deren Einfluss auf ihr Führungshandeln und die Organisationskultur. Die Angemessenheit des Führungsstils bezogen auf den „Primary Task" der Führungskraft in ihrer Organisation bildet dabei das differenzialdiagnostische Unterscheidungskriterium (Giernalczyk et al. 2013).

Coaches, die nach dem psychodramatischen Ansatz Morenos (1996) vorgehen (vgl. Buer 2004), beziehen sich auf Morenos Rollentheorie und setzen diagnostisch an der „inneren Szene" der Coachees an, d. h. an seinem subjektiven Erleben konkreter Situationen im räumlichen, zeitlichen und sozialen Kontext. Diese innere Szene wird mittels verschiedener psychodramatischer Techniken und Methoden (z. B. soziales Atom, Rollenübernahme, Visualisierung von Strukturen im Raum) in ein materielles, szenisches Arrangement übertragen (von Ameln 2013) und ausgestaltet. Auf diese Weise kann eine „erweiterte Wirklichkeit" („surplus reality") entstehen, die das Entwickeln neuer Denk- und Handlungsmöglichkeiten eröffnet. Auf diese Weise verknüpfen psychodramatisch arbeitende Coaches Diagnostik und Intervention sehr eng und fokussieren die Bedeutung von Spontaneität und Kreativität, etwa durch den Einsatz von Spontaneitätstests auf der Individualebene. Soziometrische Verfahren werden zur Diagnostik von Teams und Gruppen eingesetzt (z. B. Soziogramm). Organisationale Diagnostik findet häufig in Form von Visualisierung von Strukturen im Raum (z. B. Aufstellungen) statt (vgl. von Ameln und Kramer 2009).

Für gestaltorientierte Coaches ist Kontakt das zentrale Phänomen in Coaching und Therapie, das den Ausgangspunkt der Diagnostik bildet (vgl. Looss 1999, 2013). Entsprechend diagnostizieren gestaltorientierte Coaches prozessorientiert entlang der im Coaching erlebten Kontaktmuster und Kontaktstörungen wie Konfluenz, Introjektion, Projektion, Deflektion, Retroflektion und Egotismus – sowohl die in der Interaktion zwischen Coach und Coachee erlebten Kontaktmuster als auch die in den vom Coachee geschilderten Situationen sichtbar werdenden „Kontaktmanöver". Gestaltorientiertes Diagnostizieren wird als Ko-Kreation von Coach und Coachee aufgefasst, Coach und Coachee untersuchen gemeinsam das Kontaktgeschehen. Dabei fokussiert der gestaltorientierte Blick auf Coachee und organisationalen Kontext das Rollenverhalten im Wechselspiel zwischen Dort und Dann im Arbeitskontext und Hier und Jetzt in der Coachingsituation. Die Person des Coaches mit ihren Wahrnehmungen und vielfältigem innerem Geschehen gilt als „bekanntlich wichtigstes Diagnoseinstrument" (Looss 2013).

Coaching vor kognitiv-verhaltenstherapeutischem Hintergrund betrachtet vor allem die Lerngeschichte des Coachees. Problemanalysen, also eine Problemstrukturierung unerwünschten Verhaltens in zu lösende Teilprobleme, Formulierung von Ist- und Sollzuständen, Bedingungsanalysen zur Identifikation der Ursachen des gegenwärtigen dysfunktionalen Verhaltens, aber auch erforderliche Bedingungen zur Zielerreichung (vgl. Reinecker 1999, S. 51) werden erhoben. Organismus- und Umweltvariablen, soziale Bedingungen, Defizite und Ressourcen, Dimensionen der Persönlichkeit, Emotion, kognitive Muster, Motivation und Selbstregulation gehen in eine verhaltenstherapeutisch orientierte Coachingdiagnostik ein. Stavemann und Stavemann (2013) machen dabei drei zentrale Problembereiche und damit drei Foki kognitiv-verhaltenstherapeutischer Coachingdiagnostik aus: Selbstwertprobleme, existentielle Probleme und Frustrationsintoleranz. Kognitiv-verhaltenstherapeutisch orientierte Coaches fokussieren in der Problemanalyse nicht nur die bestehenden Probleme, sondern nehmen auch Symptomgewinne in den Blick, die zu deren Aufrechterhaltung beitragen. Die differenzierte Problemanalyse verstehen sie als Grundlage, um gemeinsam mit dem Coachee Veränderungspläne aufzubauen.

4.2 Diagnostik auf unterschiedlichen Ebenen I: Individuum

Da Coaching sich gerade durch die Einbettung in den organisationalen Kontext von anderen, nicht berufsbezogenen Beratungsformaten unterscheidet, umfasst Coachingdiagnostik neben einer Individualdiagnostik die Coachee notwendigerweise auch die Ebenen der Rolle(n) der Coachee, des Teams, in das die Coachee eingegliedert ist oder welches sie führt, sowie der Organisation als ganzer. Daher werden im Folgenden die verschiedenen Analyseebenen näher betrachtet. Zunächst wird auf Diagnostik auf der Ebene des Individuums (der Person) eingegangen.

Als **psychometrische Verfahren** werden diejenigen psychologischen Tests bezeichnet, die anhand der Testgütekriterien Objektivität, Reliabilität und Validität beurteilt werden können und die an Normgruppen überprüft wurden und somit über standardisierte Vergleichsdaten verfügen (McDowall und Kurz 2007). Auf diese Weise kann die Merkmalsausprägung eines Coachee in Bezug gesetzt werden zu relevanten Vergleichsgruppen, z. B. zu den Werten anderer Führungskräfte auf vergleichbarer Hierarchieebene. Psychometrische Verfahren umfassen ein breites Spektrum von Fähigkeitstests und Selbstbeurteilungsfragebögen (McDowall und Kurz 2007), u. a. Intelligenztests, Persönlichkeitsfragebögen, Berufsinteressenstests oder Motivationstests. Wichtig für den sinnvollen Einsatz psychometrischer Verfahren in der Coachingdiagnostik und die gelingende Integration in den Coachingprozess sind 1) die sorgfältige Auswahl des Verfahrens hinsichtlich der Fragestellung und der methodischen Gütekriterien sowie 2) die sachgerechte Anwendung des Tests, was insbesondere heißt, die Ergebnisse gemeinsam mit der Coachee zu besprechen, einzuordnen und Bezüge zum Coachingprozess zu erarbeiten (Böning und Kegel 2013).

Ein Diagnoseinstrument, das insbesondere bei Fragen zur beruflichen (Weiter)Entwicklung des Coachee zum Einsatz kommt, ist der von Edgar Schein (1990/2004) entwickelte **Karriereanker**. Schein differenziert zwischen der äußeren und inneren Karriere. Während die äußere Karriere sich durch vertikale, horizontale und funktionale Bewegungen innerhalb von Organisationen beschreiben lässt, geht es bei der inneren Karriere um das berufliche Selbstkonzept von Menschen, das sich in acht verschiedenen Karriereankern ausdrücken kann. Die Karriereanker kommen insbesondere in beruflichen Entscheidungssituationen zum Tragen. Sie wurden empirisch durch Längsschnittstudien an Absolventen des MIT ermittelt; Beispiele sind technische/funktionale Kompetenz, Sicherheit/Beständigkeit, totale Herausforderung oder Dienst/Hingabe für eine Idee oder Sache. Die individuellen Karriereanker werden mehrstufig mittels eines Tests zur Selbsteinschätzung und eines leitfadengestützten, biographischen Interviews ermittelt. Dieses wird in der Regel mit einer Bezugsperson der Coachee außerhalb des Coachingprozesses durchgeführt und dessen Ergebnis dann in den weiteren Coachingprozess integriert (Kahlert 2013).

Ein weiterer Bereich der Individualdiagnostik im Coaching bezieht sich auf **Motive** des Coachee. Ausgangbasis im Coaching ist die Frage nach der Passung zwischen Person und Anforderungen einer Aufgabe, konkret die Frage nach dem Antrieb (den Motiven), den Menschen brauchen, um eine Führungs- oder andere berufliche Aufgabe energievoll auszufüllen. Die Motivationstheorie nach McClelland (1961) unterscheidet hier zwischen den drei Grundmotiven Leistungs-, Gesellungs- und Machtmotiv. Eine Möglichkeit, diese impliziten und daher nicht direkt verbalisierbaren Motive zu erfassen, bietet der Thematische Apperzeptionstest (TAT), ein projektives Verfahren. Auf der Grundlage einer differenzierten Auswertung von Fantasiegeschichten kann das Motivprofil der Coachees mit dem motivationalen Anforderungsprofil des Arbeitsplatzes abgeglichen werden, motivationale Passungen bzw. Diskrepanzen können identifiziert und im Coaching weiter bearbeitet werden (Krug und Bannier 2013).

Die Dynamisierung der Arbeitswelt und die damit zusammenhängenden proteischen Entwicklungen erfordern auch im Coaching eine Diagnostik, die Fähigkeiten, Fertigkeiten und Kompetenzen der Coachee erfasst. Eine **kompetenzorientierte Diagnostik** nimmt nicht ausschließlich formal erworbene Kompetenzen in den Blick, sondern ebenso das im Freizeitbereich informell Gelernte und das im beruflichen und privaten Umfeld im Laufe des Lebens eingeübte Rollenhandeln. Anhand einer offen formulierten Stimulusfrage zu wichtigen Lebensabschnitten und durch vertieftes Nachfragen nach damit verbundenen Zielen, Herausforderungen und den hinter der Bewältigung liegenden Fähigkeiten werden die Kompetenzen biographisch erfasst (Heppelter und Möller 2013). Dies macht die Coachee zur Diagnostikerin ihrer selbst und verhilft ihr dazu, eine sichere Laufbahnidentität zu entwickeln. Der auf salutogenetischer Perspektive gründende diagnostische Zugang berücksichtigt sowohl die Werteorientierung der Coachees als auch die Erfahrungen mit günstigen äußeren Bedingungen, um Roletaking und Rolemaking im beruflichen Handeln zu optimieren.

Evozierte Verhaltensstichproben als diagnostische Instrumente im Coaching ermöglichen, einen über die Selbstauskunft(smöglichkeiten) des Coachees hinausgehenden Eindruck zu bekommen, indem der Coach vorübergehend zum Beobachter wird. Evozierte Verhaltensstichproben können innerhalb des Coachings (z. B. Rollenspiel) oder außerhalb des Coachings (z. B. Job Shadowing durch den Coach im Arbeitsalltag des Coachee) stattfinden. Rollenspiele, Simulationen, Shadowing, Aktionsmethoden mit geometrischen Grundfiguren (z. B. Lebenslinie, Diamant der Ambivalenz) und die Ergänzung durch die Think-Aloud-Methode sind Beispiele für evozierte Verhaltensstichproben, die jeweils spezifische Vor- und Nachteile aufweisen (vgl. Kaul 2013). Wichtig für eine gute Integration evozierter Verhaltensstichproben in den Coachingprozess sind eine gute Vorbereitung, im Rahmen derer der Coach offen legt, welche Verhaltensaspekte beobachtet und bewertet werden, ein klarer Ausstieg und eine gemeinsame Auswertung durch Coach und Coachee.

Kreative Medien als diagnostischer Zugang im Coaching ermöglichen insbesondere, dass auch „prärationale Botschaften" und Emotionen zum Ausdruck kommen. Schreyögg (2013) unterscheidet kreative Medien in personale Medien (die Coaches als Interaktionspartner), Handlungsmedien (z. B. Imaginationsübungen, Rollenspiele) und Sach- oder Materialmedien (z. B. Audio- und Videobänder, Zeichen- und Malutensilien, Papier, Ton, Musikinstrumente, Puppen und andere Spielmaterialien). Sie weist auf die je spezifischen „Ladungen" oder Anmutungen verschiedener Materialmedien hin und leitet diese entwicklungspsychologisch her. Aufgrund dieser unterschiedlichen – kollektiven oder individuellen – Ladungen (eher rational oder emotional, seriös oder spielerisch, erwachsen oder regressionsfördernd) müssen Materialmedien im Coaching passend zur jeweiligen Coachee, zu Thema und Setting eingesetzt werden. So eignen sich z. B. zur Auseinandersetzung mit der formalen Struktur einer Organisation eher Tafeln, Stifte und bunte Blättchen; geht es um unterschwellige emotionale Bezüge, bieten sich Malen, das Gestalten mit Ton oder Collagen an. Kreative Medien können die initiale Rekonstruktion der Problemlage zu Beginn eines Coachingprozesses unterstützen. Dabei ist wichtig, wie die Ausdeutung der Arbeit mit Materialmedien erfolgt. Schreyögg (2013) sieht die Coaches hier als „Hebammen" für die Selbstdeutung der Coachees.

Die **operationalisierte psychodynamische Diagnostik (OPD)** ist ein psychodynamisch basiertes Verfahren, das nicht nur für die Diagnostik im Coaching, sondern auch für die Mitarbeiter- und Führungskräfteauswahl geeignet ist. Das recht aufwendige, eine Ausbildung voraussetzende Verfahren ermöglicht es, Beziehungsmuster und unbewusste Konflikte des Individuums (z. B. Abhängigkeit vs. Individuation, Unterwerfung vs. Kontrolle, Selbstwertkonflikt) festzustellen und deren passive und aktive Bewältigungsformen zu verstehen. Die OPD erfasst zudem das Integrationsniveau psychischer Basisfähigkeiten der Coachee. Diese psychischen Basisfähigkeiten umfassen Selbst- und Objektwahrnehmung, Selbstregulierung und Regulierung des Objektbezuges, Kommunikation nach innen und nach außen und die Bindung an innere und äußere Objekte. Vor dem Hintergrund der OPD kann der Coachingprozess passgenau entlang der jeweiligen Vulnerabilitäten und zu erwartenden Konfliktkonstellationen geplant und durchgeführt werden (Benecke und Möller 2013).

Auch die **in der Organisation durchgeführte Diagnostik** kann für die Eingangsdiagnostik im Coaching genutzt werden. Hierunter fallen verschiedene Formen der Leistungs- und Potenzialbeurteilung in Unternehmen (z. B. Potenzialanalysen, Aufwärts- oder 360°-Feedback, Vorgesetztenbeurteilungen, Assessment-Center-Ergebnisse). Kotte und Künzel (2013) zeigen auf der Grundlage von Forschungsbefunden zum Zusammenspiel von Assessments mit Lernen und Veränderung einerseits und anhand von Beispielen aus der Unternehmenspraxis andererseits die Chancen und Stolpersteine bei der Nutzung solcher Assessments im Coaching auf. Die Assessment-Ergebnisse selbst sowie der Umgang des Coachee mit diesen Ergebnissen liefern ein über die Selbsteinschätzung des Coachee hinausgehendes Bild. Insbesondere bei kritischen Assessments ist eine zentrale Aufgabe im Coaching, den Coachee bei der Verarbeitung der zunächst als fremd und teilweise kränkend empfundenen Bewertungen „von außen" in einem Prozess des Reflektierens, Hinterfragens und Zielesetzens zu unterstützen. Wichtig ist hier, Bezüge zwischen der diagnostischen Situation und anderen Kontexten (Arbeitssituation, ggf. biographische Bezüge) herauszuarbeiten. Zudem kommt der Dreiecksgestaltung zwischen Coach, Coachee und Organisation eine besondere Bedeutung zu.

Ein spezieller inhaltlicher Fokus der Coachingdiagnostik auf individueller Ebene betrifft das das Thema **Stress und Burnout**. Arbeitsstress und -belastung stellen häufige Anlässe der Coachingnachfrage dar. Greif (2013) grenzt hier unter dem Oberbegriff „Gesundheitscoaching" die Formate Life Coaching mit dem Ziel der Förderung des allgemeinen Wohlbefindens und Stressmanagementcoaching voneinander ab. Während Stressmanagementcoaching sich auf das Entwickeln von Bewältigungsstrategien bei „Stress unter dem (individuellen) Limit" bezieht, geht es bei Burnoutpräventionscoaching darum, mit „Stress über dem (individuellen)

Limit" umzugehen und Burnout im Sinne einer chronischen oder totalen emotionalen Erschöpfung zu verhindern. Zu einem differentialdiagnostischen Vorscreening können etablierte Fragebögen wie das Trierer Inventar zum chronischen Stress (TICS), das Instrument zur stressbezogenen Tätigkeitsanalyse (ISTA), die Irritationsskala (IS) oder das Hamburger Burnout Inventar (HBI 40) eingesetzt werden. Spätestens wenn erste Hinweise auf ernsthaftere Symptome vorliegen, betont Greif (2013) die notwendige Kooperation mit Fachärzten und psychologischen Psychotherapeuten und mahnt an, die Grenzen zur Psychotherapie als Coach nicht zu überschreiten.

4.3 Diagnostik auf unterschiedlichen Ebenen II: Rolle, Team, Organisation

Anschließend an die Coachingdiagnostik auf individueller Ebene wird auf die Diagnostik der Schnittstelle von Person und Organisation eingegangen, einerseits in Form von Rollenbezügen und andererseits im Sinne von Teamkonstellationen. Schließlich werden diagnostische Zugänge zur Analyse der Organisation der Coachee dargestellt.

Die Rolle der Coachee und deren Ausgestaltung werden in der **Arbeit mit dem Rollogramm** fokussiert (Beumer 2013). Die historischen Wurzeln der Rollogrammarbeit, die für das dyadische Setting ebenso geeignet ist wie für Team- und Gruppenkonstellationen, liegen in der Tradition des Tavistock-Instituts. Die Rolle – konzipiert als Schnittmenge zwischen Person und Organisation – zeigt dabei nicht nur die formalen Aspekte der Arbeitsaufgabe und der Funktion, sondern auch die jeweilige Ausgestaltung in einem psychodynamischen Verständnis. Der Coachee wird aufgefordert, zwei sich überlappende Kreise für die Person und Organisation und deren Schnittmenge, die Rolle, aufzuzeichnen und Einfälle und Ideen zu Aspekten des gegenwärtigen und vergangenen Lebens, die die Rolle beeinflussen (Person), symbolisch (mit Wachsmalkreiden, Filzstiften etc.) darzustellen, wie auch ebenso zu Erfahrungen mit dem Einfluss ihrer Organisation auf die Rolle. So kommen durch die Rollogrammarbeit die emotionale Verfasstheit, die Motivationsmuster, die biographische Arbeits- und Lebenserfahrung und mentalen Modelle des Coachees in den Fokus der Aufmerksamkeit und können im weiteren Prozess konstruktiv bearbeitet werden. Der Gegenübertragungsanalyse der Coaches im Arbeitsprozess kommt zentrale Bedeutung zu.

Das **soziale Atom** und das **Rollenatom** sind diagnostische Instrumente, die von Moreno im Zusammenhang mit dem Psychodrama entwickelt wurden (vgl. von Ameln 2013). Das soziale Atom dient dazu, die relevanten (Arbeits-)Beziehungen von Coachees graphisch, in Form eines Soziogramms, darzustellen. Auf einem Papierbogen zeichnet sich zunächst die Coachee selbst in die Mitte. Anschließend werden die für die Fragestellung relevanten Bezugspersonen ergänzt, wobei die subjektiv erlebte Beziehungsqualität durch den Abstand und die Art der Verbindungslinien zur Coachee veranschaulicht wird. So entsteht eine „Arbeitsplatz-Landkarte", die die Coachee aus der Metaperspektive betrachten kann, um neue Erkenntnisse und Handlungsoptionen abzuleiten (von Ameln 2013). Das Rollenatom bildet nicht die Bezugspersonen, sondern die verschiedenen Rollen der Coachee ab. Den Hintergrund bildet Morenos Rollentheorie, insbesondere Überlegungen zu Rollenanforderungen, zur Rollengestaltung und zu Rollenkonflikten. In der praktischen Arbeit mit dem Rollenatom wird zunächst ein konkreter Kontext definiert (z. B. „Mein Rollenatom als Projektleiter_in"). Das Ich wird als Zentrum und Beobachter der Konstellation in der Blattmitte abgebildet. Anschließend werden die verschiedenen Rollen in ihrem Abstand und ihrer Beziehungsqualität visualisiert. Von Ameln (2013) gibt detaillierte Hinweise zur Auswertung und Weiterarbeit mit dem Rollenatom im Rahmen von Coaching.

Der Coachee ist immer Teil eines Teams und/oder er leitet ein solches. Für die Diagnostik auf der Ebene des Teams geben Kauffeld und Gessnitzer (2013) einen Überblick über **mögliche Verfahren der Teamdiagnose** im Führungskräftecoaching, in denen das Team als zusätzliche Informationsquelle zur Situationsanalyse im Coaching genutzt wird, z. B. durch Interviews und Fragebögen mit Teammitgliedern oder die Beobachtung des Teams. Die Auswahl eines speziellen teamdiagnostischen Instruments sollte sich an der Passung zur Fragestellung, zum Kontrakt und einem Abwägen von Aufwand und Nutzen orientieren. Strukturanalytische Verfahren der Teamdiagnose erfassen mittels Befragung oder Dokumentenanalyse subjektive Wahrnehmungen, Personen- und Organisationsvariablen (z. B. die empfundene Arbeitsbelastung oder Produktions- und Fehlerzahlen); ein Beispiel ist der Fragebogen zur Arbeit im Team (FAT, Kauffeld 2004; Kauffeld und Frieling 2001). Prozessanalytische Verfahren legen mittels Beobachtung den Schwerpunkt auf die Analyse von Arbeitsprozessen und konkreten Interaktionssituationen (z. B. Mitarbeitergespräche oder Teambesprechungen); Beispiele hierfür sind das Instrument zur Kodierung von Diskussionen (IKD, Schermuly et al. 2010) oder act4teams® (Kauffeld 2002, 2006). Eine detaillierte Beschreibung der Vor- und Nachteile sowie der Integration dieser Instrumente ins Führungskräftecoaching findet sich bei Kauffeld und Gessnitzer (2013).

Können oder sollen die Teammitglieder nicht in die Diagnostik der Teamsituation eingebunden werden, eignen sich zum Erheben einer möglichst ungefilterten, **subjektiven Sichtweise der Coachees auf ihr Team** insbesondere **analoge oder kreative Verfahren**. Diese sind in besonderer Weise geeignet, auch unbewusste, weil sprachlich nicht fassbare Zusammenhänge aufzudecken. Nowak (2013) unterscheidet Methoden der Gestaltung (z. B. Malen oder Modellieren), projektive Verfahren (z. B. Auswahl und Arrangement von Bildmotiven, Klötzen oder Spielfiguren) und Aufstellungen (im Gruppencoaching von realen Personen, im Einzelcoaching von Symbolen). Beispiele für konkrete teamdiagnostische Verfahren sind das teambezogene soziale Atom oder das „Bild meines Teams" – entweder mit möglichst offener Aufforderung, das eigene Team zu malen oder, wenn die Funktionalität des Teams stärker im Fokus stehen soll, mit der Aufforderung, eine funktionale Metapher (z. B. Schiff, Siedlung, Zirkus) zu gestalten. Gegenstand der Auswertung ist sowohl das kreative Produkt als auch der Prozess der Gestaltung, d. h. die Reihenfolge, Gedanken und Gefühle während des Gestaltens. Als Analyseaspekte für die Auswertung sind Macht und Einfluss, Kommunikation und Kooperation in der Organisation, Kraftfelder im Innen und Außen bedeutsam und ergeben Veränderungsimpulse für die weitere Arbeit.

Die Diagnostik **auf der Ebene der Organisation** betrifft die Frage: Wie verschafft man sich schnell einen Überblick über eine Organisation? In welchen organisationalen Kontext ist das Coachinganliegen, mit dem der Coachee ins Coaching kommt, eingebettet? Kühl und Muster (2013) regen an, als Coach den Blick in dreierlei Richtung zu schärfen. Zum einen kommt es darauf an, die formale Struktur einer Organisation zu erfassen mit ihren „Entscheidungsprogrammen" (Zielsysteme, Policies etc.), Kommunikationswegen und dem sie konstituierenden Personal (Einstellungen, interne Entwicklungen und Versetzungen, Entlassungen). Zweitens bedarf es eines genaueren Blicks auf die informale Seite der Organisation und zwar insbesondere im Hinblick auf das Zusammenspiel von Verständigung, Macht und Vertrauen, z. B. welche lokalen Rationalitäten vorliegen oder wie mit Unsicherheitszonen umgegangen wird. Schließlich gilt es auch die „Schauseite" der Organisation, ihre nach außen präsentierte Darstellung, zu berücksichtigen. Konkrete Leitfragen zu jedem dieser drei Aspekte der Organisationsdiagnostik finden sich bei Kühl und Muster (2013) ebenso wie Hinweise zum Einstieg in den Coachingfall unter Berücksichtigung des organisationalen Kontexts und Anregungen zum Erkunden der Mikropolitik.

Systematisierung und Integration für Theorie und Praxis 5

Bei der Vielfalt der in diesem Essential vorgestellten diagnostischen Zugänge stellt sich die Frage, wie für einen konkreten Coachingprozess relevante Verfahren sinnvoll ausgewählt werden können. Dazu wird zum einen das „Kasseler Coaching Raster" vorgestellt, das eine Systematisierung verschiedener Verfahren leistet und so Orientierung bei der Auswahl gibt. Darüber hinaus wird mit dem „Kasseler Coaching Inventar" ein Leitfaden für die Eingangsdiagnostik vorgeschlagen, der, ähnlich einem Anamnese-Bogen in der Psychotherapie, einen ersten Überblick über verschiedene diagnostisch relevante Bereiche des Coachinganliegens gibt.

5.1 Systematisierung diagnostischer Verfahren im Coaching: Das „Kasseler Coaching Raster"

Das im Folgenden vorgestellte „Kasseler Coaching Raster" soll eine Übersicht bieten, wie die verschiedenen Verfahren systematisiert werden können. Darüber hinaus kann es eine Orientierung liefern, wie passende Zugänge im konkreten Coachingfall ausgewählt werden können.

Die unterschiedlichen diagnostischen Zugänge können entlang dreier Fragen beschrieben und systematisiert werden: 1. Was wird erfasst? 2. Womit wird es erfasst? 3. Durch wen wird es erfasst?

1. *Was wird erfasst? – Der Inhalt*

Diese Frage bezieht sich auf den Inhalt der Diagnostik: Geht es vorrangig darum, das Individuum, also die Person des Coachee mit seiner Motivstruktur, Persönlichkeit, seinen Kompetenzen (z. B. wie bei den Kompetenzenbilanzen) zu erfassen? Geht es vor allem darum, einen Blick auf die Schnittstelle zwischen Person und

H. Möller, S. Kotte, *Diagnostik im Coaching kurzgefasst*, essentials,
DOI 10.1007/978-3-658-12179-2_5

Organisation zu richten, also seine Funktion, Rolle und Einbettung im Team (z. B. mittels Rollogramm, Rollenatom oder Teamaufstellung) zu erhellen? Oder ist der Fokus auf das organisationale Umfeld (z. B. Analyse von Formalstruktur, informeller Seite und Schauseite der Organisation) zu setzen?

2. *Womit wird dieser Inhalt erfasst? – Das Instrument*

Hier ist die Frage, was das diagnostische Instrument ist, mit dem exploriert und untersucht wird. Dabei lässt sich entlang eines Kontinuums unterscheiden, ob eher die Coaches selbst als Instrument fungieren, also Beziehungsdiagnostik betrieben wird (Gegenübertragungsanalyse in der Sprache der psychodynamischen Beratung, Kontaktdiagnostik in der Sprache der gestaltorientierten Beratung), oder ob ein standardisiertes diagnostisches Testverfahren (z. B. der TAT, ein psychometrischer Persönlichkeitsfragebogen oder eine standardisierte Interaktionsanalyse) eingesetzt wird.

3. *Durch wen wird dieser Inhalt erfasst? – Die Informationsquelle*

Die Informationsquelle kann einerseits die Coachee selbst sein, die über sich Auskunft gibt oder sich selbst einschätzt, z. B. im Rahmen des Karriereankers oder eines Persönlichkeitsfragebogens. Aber auch eine Fremdeinschätzung von Eigenschaften und Verhalten kann in der Eingangsdiagnostik im Coaching erfolgen, etwa mittels Potenzialanalysen, 360°-Feedbacks oder auch Verhaltensstichproben im Rahmen von Rollenspielen oder Job Shadowing.

Verortet man jedes einzelne diagnostische Verfahren entlang dieser drei Fragen, ergibt sich ein spezifisches Profil für jedes Verfahren. Für einen psychometrischen Persönlichkeitsfragebogen wie das Bochumer Inventar zur berufsbezogenen Persönlichkeitsbeschreibung (BIP) etwa veranschaulicht Abb. 5.1 das Verfahrens-Profil.

Die Ermittlung der spezifischen Profillinien diagnostischer Verfahren erleichtert die Systematisierung und den Vergleich verschiedener Verfahren.

Darüber hinaus kann diese Systematik auch bei der Auswahl der passenden diagnostischen Zugänge im Einzelfall helfen. Um die oben aufgeführten Vorteile einer systematischen Diagnostik zu nutzen, erscheint es sinnvoll, die Verfahren so zu kombinieren, dass alle drei inhaltlichen Aspekte (Person, Organisation und die Schnittstellen dazwischen, also Rolle und Team) berücksichtigt sind. Auch hinsichtlich des Instruments und der Informationsquelle sollten die eingesetzten diagnostischen Zugänge sich ergänzen. Das Abtragen der jeweiligen Verfahrensprofile kann so dazu dienen, eine passende Kombination diagnostischer Verfahren für

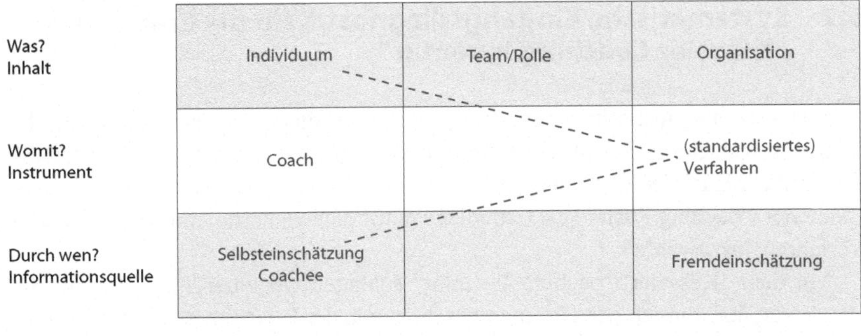

Abb. 5.1 Verfahrensprofil des Bochumer Inventars zur berufsbezogenen Persönlichkeitsbeschreibung (BIP)

den konkreten Einzelfall zu ermitteln. Geht es im Coaching einer Führungskraft z. B. um die Gestaltung der eigenen Führungsrolle innerhalb des Teams, so könnte das BIP gut durch ein „Bild meines Teams“ ergänzt werden. Ergeben sich aus der Kontaktdiagnostik innerhalb der Coach-Coachee-Beziehung Hinweise auf größere Diskrepanzen zwischen Selbst- und Fremdeinschätzung der Führungskraft und wird als ein Ziel für das Coachings die Verbesserung in der Gestaltung von Teamsitzungen und anderen Meetings definiert, könnte zudem eine Interaktionsanalyse mittels act4teams in Erwägung gezogen werden. Abbildung 5.2 veranschaulicht diese Kombination diagnostischer Zugänge mit Hilfe des Kasseler Coaching Rasters.

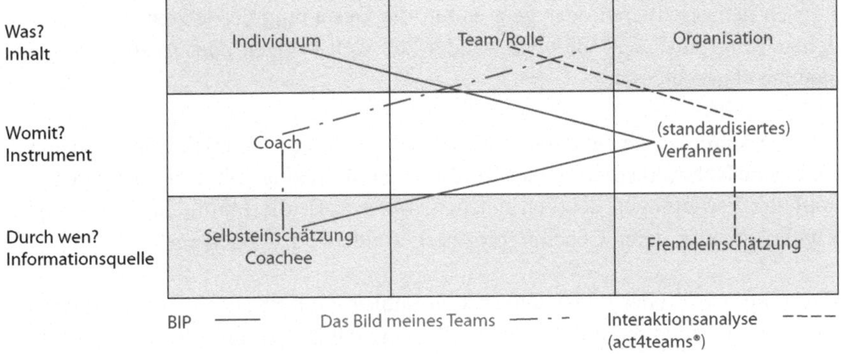

Abb. 5.2 Verfahrensprofile im Vergleich

5.2 Systematische Eingangsdiagnostik für die Praxis: Das „Kasseler Coaching Inventar"

Der Einsatz diagnostischer Instrumente ist meist nicht der erste diagnostische Schritt im Coaching. Fer diesen ersten Schritt schlagen wir als Leitfaden für die Praxis das „Kasseler Coaching Inventar" vor. Dieses kann zusammen mit dem „Kasseler Coaching Raster" als Grundlage dafür dienen, vertiefende diagnostische Verfahren auszuwählen.

Mit dem „Kasseler Coaching Inventar" schlagen wir einen Leitfaden für die Praxis vor, der, ähnlich wie ein Anamnesebogen in der Psychotherapie, für die Eingangsdiagnostik im Coaching im Sinne eines „Minimalvorgehens" genutzt werden kann. Je nach Fragestellung kann dies bereits völlig ausreichend sein oder aber durch spezifische, in vorherigen Kapiteln dieses Buches beschriebene Verfahren ergänzt werden. Darüber hinaus kann dieser Leitfaden die Dokumentation und – durch die strukturierte Erfassung der Ausgangssituation – die praktische Evaluation von Coachingprozessen erleichtern. Es kann unter http://extras.springer.com/ (nach Eingabe der ISBN 978 3-642-37965-9) heruntergeladen werden.

Das „Kasseler Coaching Inventar" ist unterteilt in fünf Abschnitte: Coachinghintergrund, Berufsbiographie und organisationale Einbettung, (persönliche) Kurzbiographie, Interaktionsdiagnostik und Managementaufgaben.

Im Folgenden wird die jeweilige Relevanz der einzelnen Aspekte erläutert.

1. ***Coachinghintergrund***

Alter Je nach Lebensphase sind die Optionen beruflicher Lebensgestaltung höchst unterschiedlich. Befindet sich der Kunde/die Kundin in der beruflichen Aufbauphase, hat er/sie Bilanzierungsthemen zur Mitte beruflicher Entwicklung, will er/sie sich neu orientieren oder geht es um die Gestaltung der letzten Phase beruflichen Tätigseins? Will sie noch Kinder zur Welt bringen oder ist die Familienplanung abgeschlossen?

Kunde/Kundin wurde empfohlen durch ... Diese Frage kann Hinweise geben auf die eigene Netzwerkstruktur, das Fruchten von Marketingstrategien, aber auch ggf. implizite Erwartungen deutlich machen, wenn z. B. die Empfehlung durch eine Kundin erfolgte, deren Coachingprozess besonders erfolgreich verlief.

Coachinganlass Hier findet zunächst die subjektive Konstruktion der Problembereiche des Kunden ihren Platz. Sinnvoll ist es, schon hier auf Akzentuierungen zu achten: Wie dramatisch oder aber affektisoliert wird die Arbeitssituation geschildert? Gibt es Hinweise auf Wahrnehmungsverzerrungen? Welche Themenfelder werden ganz ausgelassen? Wie lange währt die Problematik schon? Die Coachinganlässe implizieren oft schon die Ziele der Beratung. Wie realitätsangemessen sind diese? Kann ich mich als Coach ihnen anschließen? Beispiel: „Ich möchte Mitarbeiter entlassen können, ohne Schuldgefühle zu entwickeln." Sinnvoll kann es sein, hier auch wörtliche Rede des Coachee mitzunotieren.

Zeitpunkt der Anfrage Warum kommt die Kundin gerade jetzt und nicht früher oder später? Welche subjektiven Theorien hat die Klientin zum Hintergrund ihres Beratungsanliegens? Stimmen diese mit meinen mentalen Modellen als Coach überein oder gibt es (gravierende) Diskrepanzen? Welche Erklärungsmodelle zieht sie heran? Wird eher external oder internal attribuiert? Gab es eine auslösende Schlüsselszene, die den Entschluss, sich Unterstützung zu suchen, initiierte?

Bisherige eigene Lösungsversuche An dieser Stelle können die Coaches sich davor schützen, Lösungsimpulse zu setzen, die bereits durch die Coachees erfolglos erprobt wurden. Durch die Analyse des „Scheiterns" der Selbsthilfeversuche der Kunden erlangen die Coaches ein vertieftes Verständnis der Ausgangssituation und werden zur gezielten Hypothesengenerierung angeregt.

Vorerfahrungen mit Coaching Die Einstellung zum Beratungsformat Coaching wird maßgeblich durch eventuelle Vorerfahrung geprägt. Auch Gerüchte um dieses Format und das Wissen aus dem Hörensagen, wie es in der Firma und/oder dem Bekanntenkreis erzeugt wird, ist hier von Relevanz. Welchen Ruf hat Coaching für den Klienten: Ist es in seiner/ihrer subjektiven Repräsentation eher Nachhilfeunterricht für defizitäre Führungskräfte oder ein probates Mittel zur Bewältigung komplexer Aufgaben?

Coachingziel(e) Die Ziele des Coachings lassen sich aus den Anlässen ableiten und sicher auch direkt erfragen. Oft machen es aber projektive Verfahren wie die Wunderfrage oder die Drei-Wunsch-Probe leichter, auch weniger bewusstseinsfähigen Aspekten der Wunschwelt der Klientin Ausdruck zu verleihen. Hilfreich ist zudem die Antizipation von Zukunft: „Wenn wir einen erfolgreichen Beratungsprozess miteinander gestaltet haben, wie wäre es dann? Woran würden Sie bemerken, dass wir erfolgreich gearbeitet haben?"

2. ***Berufsbiographie und organisationale Einbettung***

Professioneller Werdegang Die Kenntnis von Ausbildungsverläufen, beruflichen Entscheidungen, absolvierten Weiterbildungen und erworbenen Spezialisierungen ist sicherlich wichtig im Hinblick auf die beruflichen Ressourcen, auf denen das Coaching aufbauen kann. Die Frage nach Professionalisierungswegen gibt uns aber zudem Auskunft darüber, wie unsere Kund_innen die Welt betrachten. Dies tut ein/e Ingenieur_in sicherlich sehr anders als ein/e Theolog_in. Über die Kenntnis des beruflichen Werdegangs erhalten wir eine Idee davon, auf welche Wissensbestände wir im Beratungsverlauf bauen können und welche uns als Coach leitende Referenztheorien eventuell erklärt werden müssen. So stellt bei Psycholog_innen die Kenntnis über Motivstrukturen von Mitarbeiter_innen sicherlich ein geteiltes Wissen dar, das u. U. bei Physiker_innen erst aufgebaut werden muss.

Berufliche Stationen Die unterschiedlichen beruflichen Stationen sind ebenfalls unter der Ressourcenperspektive bedeutsam. Mit welchen Branchen und Organisationstypen ist der Coachee vertraut? Welche Erfahrungen in Rollen und Funktionen hat er gemacht? Welche Bewegungen hat es in Hinblick auf Statuszuwachs oder -einbruch gegeben? Welche beruflichen Entscheidungen waren nötig: z. B. hinein in die Selbstständigkeit, die Kündigung eines Beamtenstatus'? Welches Studienfach studierte der Coachee? Wie leicht oder schwer sind diese Entscheidungen gefallen? Gibt es Entscheidungen, die der Coachee bereut, und wie bewertet er die einzelnen Etappen? Wie viel Mobilität hat es gegeben? Waren die Karriereverläufe eher vertikale oder horizontale oder spielte Zentralität eine Rolle? Gibt es einen roten Faden in der beruflichen Biographie?

Welche berufliche Funktion und welche beruflichen Aufgaben hat der/die KlientIn aktuell inne? Eine wichtige Frage ist die nach der Klarheit der Definition der Funktionen und Aufgaben. Zudem ist für die Ausrichtung des Coachings wichtig, auf welcher Stufe der Hierarchie sich die Coachee befindet. Topmanager_innen haben andere Fragestellungen als Gruppenleiter_innen. Wichtig ist es ebenso, die Zufriedenheit mit der Position zu erfragen und Aufstiegswünsche zu erfahren. Für weiterhin bedeutsam halten wir folgende Fragen: Wie groß ist die Führungsspanne? Über welche Unterstützungssysteme verfügt die Klientin? Welche Aufgaben und Rollenanforderungen gibt es, und wo sieht sie konflikthafte Bereiche? Welche Verantwortungsbereiche fallen in ihre Funktion, und welche Befugnisse im Sinne von Entscheidungskompetenzen hat die Funktionsträgerin? Wie ist ihr informeller Status im Unternehmen? Eine Vertiefung im Hinblick auf Managementaufgaben bietet sich unter Punkt 5 an.

Organisationstyp Wichtige Aspekte zur Charakterisierung der Organisation sind die Branche, die Größe (Mitarbeiterzahl) und Organisationsform des Unternehmens und ihre Systemumwelt. Handelt es sich um ein Dienstleistungsunternehmen, eine Produkt- oder eine schöpferische Organisation, ein Verwaltungssystem mit den jeweiligen spezifischen Dynamiken? Für den Coachingprozess ist wichtig zu erfahren, wie alt das Unternehmen ist. Handelt es sich um einen Pionierbetrieb oder ist das Unternehmen in der Differenzierungs- oder Integrationsphase? Zentral ist die Aufbau- und Ablauforganisation, die samt Organigramm erhoben und am besten auf einem Flipchart oder Extrablatt festgehalten wird.

Team- und Organisationsklima Hier werden Fragen der Zusammenarbeit wichtig: Wie ist das Betriebsklima in der Gesamtorganisation und im Bereich der Coachees? Wofür erhält man in seiner/ihrer Organisation Anerkennung? Für welches Verhalten wird man ggf. bestraft? Welche Aspekte der Arbeit werden vor allem betont: Schnelligkeit, Kosten, Qualität? Welche Wertschätzung erfährt der/die Klient_in? Ist er/sie als Expert_in und/oder Führungskraft anerkannt?

3. ***Kurzbiographie***

Beruf des Vaters und der Mutter, Stellung in der Geschwisterreihe Folgen wir Foulkes (1992), dann versucht der Einzelne unbewusst, die in der jeweiligen Primärgruppe erfahrenen Interaktionsmuster, die „verinnerlichte Gruppenmatrix", in jeder neuen Gruppe, also auch in der Arbeitsgruppe zu aktualisieren. Üblicherweise stellen wir in unseren beruflichen Zusammenhängen unsere Familienmatrix oftmals unbewusst wieder her. So neigt (zugegebenermaßen etwas holzschnittartig beschrieben) eine ältere Schwester dazu, stets Probleme zu lösen, auch wenn sie niemand darum gebeten hat, ein Einzelkind mag sich über die zu teilende Aufmerksamkeit seines Chefs wundern und ein zu kurz gekommenes Sandwichkind genau diese Erfahrung immer wieder herstellen. Eine Sensibilisierung für die Stellung in der Geschwisterreihe kann manch einen Interaktionsstil oder bestimmte Übertragungsmuster zu erklären helfen.

Genogramm Die Mehrgenerationenperspektive kann in Hinblick auf die Ressourcen des Coachees betrachtet werden. Kinder aus Handwerkerfamilien haben sehr viel früher ein Bild von Arbeit gewonnen als Kinder von Verwaltungsangestellten. Die Einstellung zum Tätigsein bildet sich recht früh, abhängig vom sozialen Milieu aus. Auch der Umgang mit Topmanager_innen kann einem Coachee mit Aufstiegsbiographie deutlich schwerer fallen als der Tochter eines Vorstandvorsitzenden. Die frühen Erfahrungen mit Macht und Einflussnahme gestalten die impliziten Bilder von Führung; sie können sowohl unbeachtete Ressourcen darstellen, die für die eigene Rollengestaltung nutzbar sind, als auch die berufliche Entwicklung blockieren.

Bedeutsame Lebensereignisse An dieser Stelle gilt es sowohl die beruflichen Erfolge zu erheben als auch Krisen und Brüche in der Karriere zu betrachten. Eine bewältigte Krise betrachten wir als eine Wachstumsmöglichkeit. Sie kann Orientierung in späteren Belastungssituationen geben und mitunter zu einer Widerstandsressource werden. Berufliche Biographien enthalten aber auch Kränkungen, Verletzungen und nicht gelöste Konfliktsituationen, und die Beschädigungen können und sollten im Coachingprozess gemildert werden.

Aktuelle Lebenssituation Angaben zur derzeitigen Lebenssituation, zu Kindern und der Einstellung und Beziehung zu ihnen, ein Kinderwunsch, der Familienstand, die Wohnsituation, die Freizeitgestaltung, die finanzielle Situation und die Zufriedenheit mit der Bezahlung spielen für berufliche Entscheidungen eine große Rolle. Ein Bild über die aktuelle Lebenssituation gewonnen zu haben, hilft, eine Hintergrundfolie für das Coaching zu bekommen. Diese stellt den Grund, vor dem die Figur Coaching sich gestaltet.

Biophysisches System Ein Bild vom Gesundheitszustand der Coachees zu haben, lässt berufliche Beratung realitätsangemessen werden. Die unterschiedliche Stressanfälligkeit der Beratungskund_innen muss im Coaching Berücksichtigung finden. Die Beschaffenheit und Zufriedenheit mit seiner/ihrer Work-Life-Balance ist als Kontextvariable für das Coaching bedeutsam. Auch Fragen möglicher „Déformations professionelles", die sich im biophysischen System niederschlagen, können im Coaching Berücksichtigung finden.

Motivationsmuster, Normen und Werte, Stärken und Schwächen Nach einer Bestandsaufnahme zur Frage „Was konnte ich über Motivationsmuster, Normen und Werte, Stärken und Schwächen des Klienten bereits im Erstgespräch herausfinden?" macht es abhängig von der Zielstellung des Coachings Sinn, ggf. mit diagnostischen Zusatzinstrumenten, wie wir sie in diesem Band vorgestellt haben, zu arbeiten (Karriereanker, TAT, Persönlichkeitstests, Potenzialanalyse, …). Ein klares Bild der Talente, Kompetenzen, Motivstruktur und Wertsysteme ist die Basis eines professionellen Coachings.

Lebensträume, Lebensziele Was sind die Vorstellungen von „gutem Leben", mit denen eine Coachingklientin in die Beratung kommt? Lebt sie kongruent mit ihrer Wertestruktur oder ist es gerade ein Diskrepanzerleben der Anlass, ein Coaching aufzusuchen? Welche Potenziale sind u. U. noch nicht entwickelt und gelebt? Zudem kann Coaching nur dann gelingen, wenn die Angebote kompatibel mit den meist impliziten Vorstellungen der Kund_innen sind.

4. ***Interaktionsdiagnostik***

Erster Eindruck Wir plädieren dafür, den sogenannten ersten Eindruck, den der Kunde auf uns macht, äußerst wichtig zu nehmen. Die Antwort auf die Frage „Wie wirkt der/die Klient_in auf mich?“ raten wir zu notieren, auch wenn sich diese Eindrücke noch nicht sinnverstehend verwenden lassen. Oftmals verstehen wir dies erst im Verlauf des Prozesses. Weitere Fragen können lauten: Wie passiv oder aktiv gestaltet der Coachee die Erstgesprächsszene? Erlebe ich ihn als psychisch beweglich oder eher starr? Wie sind seine Introspektionsfähigkeit und sein Reflexionsniveau ausgeprägt? Kann ich die Selbstwertstabilität einschätzen? Wie groß ist sein Leidensdruck? Wie sieht es aus mit dem Veränderungswunsch und der Kooperationsfreude im Hinblick auf das Coaching?

Wie gestaltet der/die Klient_in den Kontakt zu mir? Die Frage „Wie behandelt mich die Coachee?“ – z. B. als Dienstleister_in, Hohepriester_in oder Freund_in – lässt Rückschlüsse auf mögliche Übertragungen in der Coach-Coachee-Beziehung zu. Darüber hinaus bekommen wir als Berater_innen Hinweise auf die Art und Weise, wie die Coachee Interaktionen auch außerhalb der Beratungssituation gestaltet. Tritt sie selbstbewusst, kritisch, ängstlich, idealisierend oder konkurrierend auf?

Gegenübertragung Welche Phantasien tauchen in der ersten Begegnung beim Coach auf? Den Satz zu vervollständigen „Im Kontakt mit der Klientin erlebe ich mich als zögerlich, unter Erfolgsdruck, mütterlich, …“ lässt eine beziehungsbasierte Diagnostik zu. In der psychoanalytischen Theorie unterscheiden wir die konkordante und die komplementäre Gegenübertragung (Racker 2002). Im konkordanten Gegenübertragungsmodus identifiziert sich der Coach mit dem Coachee. Im komplementären Gegenübertragungsmodus hingegen identifiziert er/sie sich mit den signifikanten Interaktionspartnern in Biographie und aktueller Lebenswelt.

Einstellungen und Erwartungen an das Coaching Wie will die Coachee von dem Coaching profitieren? Wie lauten ihre Erwartungen? Vielleicht sind im Verlauf des Gesprächs „Bilder“ oder Metaphern (vgl. Möller 2013) hinsichtlich Coaching aufgetaucht. Ist Coaching für den Klienten/die Klientin ein Reparaturbetrieb, ein Schutzraum, ein Fitnessstudio für Führungskräfte…? Die Bilder verdeutlichen Prozessphantasien, die Einfluss auf die gemeinsame Arbeit nehmen.

5. ***Checkliste Managementaufgaben***

Zentrale Aufgaben einer Führungskraft lassen sich aus der Theorie der transaktional-transformationalen Führung (Bass und Avolio 1994; Felfe 2006; Judge und Piccolo 2004) ableiten. Danach soll die Führungskraft als Ziel- und Aufgabenmanager, Problemlöser, Visionär, Förderer und Unterstützer sowie als Vorbild fungieren (Dörr 2007).

Malik (2006) unterscheidet darüber hinaus zwischen Managementaufgaben (u. a. für Ziele sorgen, entscheiden, kontrollieren, messen und beurteilen, Menschen entwickeln und fördern) und Werkzeugen wirksamer Führung (u. a. Sitzungsleitung, schriftliche Kommunikation, Budgetierung, „systematische Müllabfuhr").

Zu Beginn eines Coachings ist es sinnvoll, die Führungskraft einschätzen zu lassen, welche der Aufgaben ihr leicht fallen, an welcher Stelle sie sich schwer tut und welche Fertigkeiten noch entwickelt werden müssen. Was geht mir glatt von der Hand? An welchen Stellen tue ich mich schwer? Was muss ich lernen? Was muss ich ggf. verändern? Auf diese Weise ist es leicht, sich einen Überblick über die Managementkompetenzen zu verschaffen und einen Fahrplan für das Coaching zu entwickeln.

6 Von der Praxis zur Forschung: Ausblick auf Diagnostik im Coaching aus der Perspektive der Wissenschaft

Verfolgt man den Diskurs der Praktiker_innen auf Kongressen und einschlägigen Foren, so besteht in der ‚Practitioners Community' der Coaches Einigkeit, dass die Anliegen- und Auftragsklärung im Coaching die Person des Klienten, seine Funktion, Profession und seinen beruflichen Werdegang berücksichtigen muss – ebenso wie die Organisation, in der er tätig ist, mit ihrer formalen und informellen Struktur, ihrer Branchenspezifik, Größe und wirtschaftlichen Situation.

Die Frage, wie Coaches tatsächlich vorgehen, wie viel Standardisierung im diagnostischen Prozess eine Rolle spielt, welche Verfahren eingesetzt werden und was sie dabei in den Blick nehmen, stellt derzeit im deutschsprachigen Coachingraum noch eine Black Box dar. In einer ersten, explorativen Interviewstudie (Burow und Kotte 2015) zeigt sich besonders deutlich, wie heterogen sowohl die Einstellung zu einem systematischen diagnostischen Vorgehen im Coaching als auch die tatsächliche Praxis der Eingangsdiagnostik ausfallen. Zu Beginn des Coachingprozesses findet überwiegend eine intensive Exploration statt – allerdings nicht unter dem Begriff Diagnostik, da dieser eher negative Assoziationen weckt. Besonders die Schulenzugehörigkeit scheint zu beeinflussen, als wie bedeutsam die Exploration bewertet wird: Coaches, die einen stark lösungsorientierten Ansatz vertreten, messen der Exploration, insbesondere im Sinne einer Problemanalyse, eine nachgeordnete oder sogar hinderliche Rolle bei. Umfassendere Untersuchungen an größeren Stichproben von Coaches müssten klären, inwieweit die gefundenen Ergebnisse generalisierbar sind. Neben einer deskriptiven Bestandsaufnahme zum Einsatz diagnostischer Verfahren wäre es darüber hinaus lohnenswert, genauer zu untersuchen, wie Diagnostik und Kompetenzerweiterung im Coaching miteinander verzahnt sind. Inwieweit wirkt der Einsatz diagnostischer Verfahren als Intervention, die Lernen befördert oder behindert? Hier kommen wir mit McDowall und Smewing (2009, S. 100) zu dem Schluss: „There is currently too little process-focused research that would provide insight into the mechanisms in coaching such as which

H. Möller, S. Kotte, *Diagnostik im Coaching kurzgefasst,* essentials,
DOI 10.1007/978-3-658-12179-2_6

coachees might respond best to a particular instrument, or indeed which coaches benefit from using which instruments."

Aus der Perspektive der Wissenschaft wäre eine standardisierte, psychometrische Eingangsdiagnostik durch die Praktiker sicherlich der Traum vieler Coachingforscher. So bestünde eine optimale Grundlage, um eine fundierte, über das derzeitige Niveau hinausgehende Prozess- und Outcomeforschung durchführen zu können. Eine einheitliche Eingangsdiagnostik, die standardisierte, reliable und validierte Messverfahren umfasst, würde die Untersuchungsergebnisse unterschiedlicher Studien vergleichbar machen. Mit vergleichbaren Ausgangsdaten könnte eine systematische Veränderungsmessung auch an großen Stichproben erfolgen – ist die geringe Stichprobengröße doch häufig ein berechtigter Kritikpunkt vieler Coachingstudien (Möller und Kotte 2011). Als Forscherinnen und Praktikerinnen zugleich sind wir uns des Interessensgaps zwischen Forschung und Praxis, zwischen reinem Erkenntnisinteresse und Verwertbarkeit, zwischen Standardisierung und intuitivem Improvisieren in der Eingangsdiagnostik natürlich bewusst. Eine systematische, methodisch breit angelegte Coachingforschung, die mit etablierten Erhebungsinstrumenten arbeitet und zur Entwicklung eines kohärenten, generalisierbaren Coachingwissens beiträgt (Möller und Kotte 2011), könnte jedoch auch wertvolle Anregungen für die Coachingpraxis liefern und diese so empirisch fundieren. Sie könnte z. B. Antworten auf Fragen liefern wie: Welche Eingangsdiagnostik ist notwendig und möglich, um daraus passende, förderliche Interventionen für das Coaching abzuleiten? Welche Hinweise liefert die Eingangsdiagnostik zur Klärung der differentiellen Indikation von Coaching im Gegensatz zu anderen Verfahren (Training, Mentoring etc.)? Und auch zur Frage, wie Diagnostik und die weitere Prozessgestaltung im Coaching miteinander verzahnt werden sollten, könnte die Coachingforschung der Zukunft wertvolle Hinweise liefern.

Was Sie aus diesem Essential mitnehmen können

- Die Bedeutung eines systematischen diagnostischen Vorgehens zur Sicherung der Qualität Ihrer Coachingprozesse
- Einen Überblick über die unterschiedlichen diagnostischen Verfahren der einzelnen Coachingschulen
- Die Möglichkeiten, neben der Person auch die Rolle, das Team und die Organisation in den diagnostischen Blick zu nehmen
- Hilfestellung bei der Auswahl der für Sie geeigneten Diagnoseinstrumente
- Eine Struktur für die Gestaltung Ihrer Coaching-Erstgespräche (Kasseler Coaching-Raster)

H. Möller, S. Kotte, *Diagnostik im Coaching kurzgefasst*, essentials,
DOI 10.1007/978-3-658-12179-2

Literatur

Allworth, E., & Passmore, J. (2012). Using psychometrics and psychological tools in coaching. In J. Passmore (Hrsg.), *Psychometrics in coaching: Using psychological and psychometric tools for development* (2. Aufl., S. 7–24). London: Kogan Page.

Ameln, F. von. (2013). Soziales Atom/Rollenatom. In H. Möller & S. Kotte (Hrsg.), *Diagnostik im Coaching. Grundlagen, Analyseebenen, Praxisbeispiele* (S. 251–261). Berlin: Springer.

Ameln, F. von, & Kramer, J. (2009). Psychodrama im Coaching. In F. von Ameln, R. Gerstmann, & J. Kramer (Hrsg.), *Psychodrama* (2. Aufl., S. 477–487). Heidelberg: Springer.

Argelander, H. (2011). *Das Erstinterview in der Psychotherapie*. Darmstadt: Wissenschaftliche Buchgesellschaft.

Bass, B. M., & Avolio, B. J. (Hrsg.). (1994). *Improving organizational effectiveness through transformational leadership*. Thousand Oaks: Sage Publications.

Beddoes-Jones, F., & Miller, J. (2007). Using the thinking styles instrument in coaching. *Selection & Development Review, 23*(5), 13–16.

Benecke, C., & Möller, H. (2013). OPD-basierte Diagnostik im Coaching. In H. Möller & S. Kotte (Hrsg.), *Diagnostik im Coaching. Grundlagen, Analyseebenen, Praxisbeispiele* (S. 183–198). Berlin: Springer.

Beumer, U. (2013). Rollogramm. In H. Möller & S. Kotte (Hrsg.), *Diagnostik im Coaching. Grundlagen, Analyseebenen, Praxisbeispiele* (S. 235–250). Berlin: Springer.

Beumer, U., & Sievers, B. (2000). Einzelsupervision als Rollenberatung – Die Organisation als inneres Objekt. *Supervision, 3,* 10–17.

Blankertz, S. (2008). Gestalt therapeutic diagnosis in counseling, therapy and coaching with the new „Gestalt Types Indicator" (GTI). *International Gestalt Journal, 31*(2), 49–75.

Böning, U., & Kegel, C. (2013). Psychometrische Persönlichkeitsdiagnostik. In H. Möller & S. Kotte (Hrsg.), *Diagnostik im Coaching. Grundlagen, Analyseebenen, Praxisbeispiele.* (S. 81–99). Berlin: Springer.

Buer, F. (Hrsg.). (2004). *Praxis der Psychodramatischen Supervision: Ein Handbuch* (2. Aufl.). Wiesbaden: VS Verlag für Sozialwissenschaften.

Burke, E. (2008). Coaching with OPQ. In J. Passmore (Hrsg.), *Psychometrics in coaching: Using psychological and psychometric tools for development* (S. 87–114). London: Kogan Page.

Burmeister, J. (2004). Diagnostik im Psychodrama. In J. Fürst, K. Ottomeyer, & H. Pruckner (Hrsg.), *Psychodrama-Therapie. Ein Handbuch*. Wien: Facultas.

H. Möller, S. Kotte, *Diagnostik im Coaching kurzgefasst*, essentials,
DOI 10.1007/978-3-658-12179-2

Burow, A., & Kotte, S. (2015). *Diagnostik im Coaching – Eine explorative Studie*. Vortrag auf der 9. Tagung der Fachgruppe Arbeits-, Organisations- und Wirtschaftspsychologie, Mainz.

Candis Best, K. (2010). Assessing leadership readiness using developmental personality style: A tool for leadership coaching. *International Journal of Evidence Based Coaching and Mentoring, 8*(1), 22–33.

De Haan, E., Duckworth, A., Birch, D., & Jones, C. (2013). Executive coaching outcome research: The contribution of common factors such as relationship, personality match, and self-efficacy. *Consulting Psychology Journal: Practice and Research, 65*(1), 40–57.

Dörr, S. (2007). Fit für den Wandel durch transaktionale und transformationale Führung. *Wirtschaftspsychologie aktuell, 1*, 23–26.

Felfe, J. (2006). Transformationale und charismatische Führung – Stand der Forschung und aktuelle Entwicklungen. *Zeitschrift für Personalpsychologie, 5*(4), 163–176.

Foulkes, S. H. (1992). *Gruppenanalytische Psychotherapie*. München: Pfeiffer

Galdynski, K., & Kühl, S. (Hrsg.). (2009). *Black-Box Beratung?: Empirische Studien zu Coaching und Supervision* . Wiesbaden: Verlag für Sozialwissenschaften.

Giernalczyk, T., & Lohmer, M. (2012). Organisationsberatung aus psychodynamischer Perspektive. In T. Giernalczyk & M. Lohmer (Hrsg.), *Das Unbewusste im Unternehmen. Psychodynamik von Führung, Beratung und Change Management* (S. 127–144). Stuttgart: Schäffer & Poeschel.

Giernalczyk, T., Lohmer, M., & Albrecht, C. (2013). Psychodynamische Zugänge zur Coachingdiagnostik. In H. Möller & S. Kotte (Hrsg.), *Diagnostik im Coaching. Grundlagen, Analyseebenen, Praxisbeispiele* (S. 17–31). Berlin: Springer.

Gigerenzer, G. (2008). *Bauchentscheidungen: Die Intelligenz des Unbewussten und die Macht der Intuition.* München: Goldmann.

Greif, S. (2008). *Coaching und ergebnisorientierte Selbstreflexion.* Göttingen: Hogrefe.

Greif, S. (2013). Coaching bei Stress und Burnout: Nicht ohne Diagnostik. In H. Möller & S. Kotte (Hrsg.), *Diagnostik im Coaching. Grundlagen, Analyseebenen, Praxisbeispiele* (S. 217–232). Berlin: Springer.

Harper, A. (2008). Psychometric tests are now a multi-million-pound business: What lies behind a coach's decision to use them? *International Journal of Evidence Based Coaching and Mentoring, 2,* 40–51 (Special Issue).

Haubl, R. (2008). Historische und programmatische Überlegungen zum psychodynamisch-systemischen Leitungscoaching. *Positionen - Beiträge zur Beratung in der Arbeitswelt, 1.* Kassel: university press.

Heppelter, N., & Möller, H. (2013). Kompetenzorientierte Diagnostik im Coaching: Wie ich wurde, was ich bin. In H. Möller & S. Kotte (Hrsg.), *Diagnostik im Coaching. Grundlagen, Analyseebenen, Praxisbeispiele* (S. 133–149). Berlin: Springer.

Jäger, R. S., & Petermann, F. (Hrsg.). (1995). *Psychologische Diagnostik* (3. Aufl.). Weinheim: PVU.

Judge, T. A., & Piccolo, R. F. (2004). Transformational and transactional leadership: A meta-analytic test of their relative validity. *Journal of Applied Psychology, 89*(5), 755–768.

Kaegi, A. (1904). *Benselers Griechisch-Deutsches Schulwörterbuch* (12. Aufl.). Leipzig: Teubner.

Kahlert, H. (2013). Der Karriereanker als Diagnoseinstrument im Coaching: Konzeptionen, Modifikationen und Anwendung. In H. Möller & S. Kotte (Hrsg.), *Diagnostik im Coaching. Grundlagen, Analyseebenen, Praxisbeispiele* (S. 101–114). Berlin: Springer.

Kanning, U. P. (2015). *Personalauswahl zwischen Anspruch und Wirklichkeit – Eine wirtschaftspsychologische Analyse*. Heidelberg: Springer.

Kauffeld, S. (2002). Das Kassler Kompetenz-Raster (KKR) – ein Beitrag zur Kompetenzmessung. In R. Arnold & U. Clement (Hrsg.), *Kompetenzentwicklung in der beruflichen Bildung* (S. 131–152). Opladen: Leske & Budrich.

Kauffeld, S. (2004). *Fragebogen zur Arbeit im Team (F-A-T)*. Göttingen: Hogrefe.

Kauffeld, S. (2006). *Kompetenzen messen, bewerten, entwickeln*. Stuttgart: Schäffer-Poeschel.

Kauffeld, S., & Frieling, E. (2001). Der Fragebogen zur Arbeit im Team (F-A-T). *Zeitschrift für Arbeits- und Organisationspsychologie, 45*, 26–33. doi:10.1026//0932-4089.45.1.26.

Kauffeld, S., & Gessnitzer, S. (2013). Das Team nutzen: Verfahren der Teamdiagnose im Führungskräftecoaching. In H. Möller & S. Kotte (Hrsg.), *Diagnostik im Coaching. Grundlagen, Analyseebenen, Praxisbeispiele* (S. 263–279). Berlin: Springer.

Kaul, C. (2013). Verhaltensstichproben als diagnostische Instrumente im Coaching. In H. Möller & S. Kotte (Hrsg.), *Diagnostik im Coaching. Grundlagen, Analyseebenen, Praxisbeispiele* (S. 151–164). Berlin: Springer.

Kernberg, O. F. (2000). *Ideologie, Konflikt und Führung*. Stuttgart: Klett-Cotta.

Kotte, S., & Künzel, E. (2013). Nutzung von im Unternehmen durchgeführter Diagnostik für das Coaching. In H. Möller & S. Kotte (Hrsg.), *Diagnostik im Coaching. Grundlagen, Analyseebenen, Praxisbeispiele* (S. 199–215). Berlin: Springer.

Kotte, S., Oellerich, K., Schubert, D., & Möller, H. (2015). Das ambivalente Verhältnis von Coachingforschung und -praxis: Dezentes Ignorieren, kritisches Beäugen oder kooperatives Miteinander? In A. Schreyögg & C. Schmidt-Lellek (Hrsg.), *Die Professionalisierung von Coaching. Ein Lesebuch für den Coach* (S. 23–45). Wiesbaden: Springer.

Krall, H., & Schulze, S. (2004). Psychodrama in der Supervision und im Coaching. In J. Fürst, K. Ottomeyer, & H. Pruckner (Hrsg.), *Psychodrama-Therapie. Ein Handbuch*. Wien: Facultas.

Krug, S., & Bannier, P. (2013). Der Thematische Apperzeptionstest (TAT). In H. Möller & S. Kotte (Hrsg.), *Diagnostik im Coaching. Grundlagen, Analyseebenen, Praxisbeispiele* (S. 115–131). Berlin: Springer.

Kühl, S., & Muster, J. (2013). Wie verschafft man sich schnell einen Überblick über eine Organisation? In H. Möller & S. Kotte (Hrsg.), *Diagnostik im Coaching. Grundlagen, Analyseebenen, Praxisbeispiele* (S. 297–315). Berlin: Springer.

Langhainzl, R. (2000). Kreative Medien im Coachingprozess. In A. Schreyögg (Hrsg.), *Supervision und Coaching für die Schulentwicklung* (S. 95–102). Bonn: DPV.

Leitner, M. (2008). Die unbewusste Inkompetenz – warum diagnostische Kompetenz entscheidend ist. *Wirtschaftspsychologie aktuell, 15*(2), 40–44.

Looss, W. (1999). Gestaltkonzepte in der Analyse von Organisationen. In R. Fuhr, et al. (Hrsg.), *Handbuch der Gestalttherapie* (S. 1077–1088). Göttingen: Hogrefe.

Looss, W. (2013). Gestaltorientierte Diagnosearbeit im Coaching: Eine Kartographie des Lebendigen. In H. Möller & S. Kotte (Hrsg.), *Diagnostik im Coaching. Grundlagen, Analyseebenen, Praxisbeispiele* (S. 49–61). Berlin: Springer.

Malik, F. (2006). *Führen, Leisten, Leben: Wirksames Management für eine neue Zeit*. Frankfurt a. M.: Gabler.

McClelland, D. C. (1961). *The achieving society*. Princeton: Van Nostrand (deutsch: *Die Leistungsgesellschaft*. Stuttgart: Kohlhammer).

McDowall, A., & Kurz, R. (2007). Making the most of psychometric profiles – Effective integration into the coaching process. *International Coaching Psychology Review, 2*(3), 299–309.

McDowall, A., & Smewing, C. (2009). What assessments do coaches use in their practice and why. *The Coaching Psychologist, 5*(2), 98–103.

Möller, H. (1996). Zur Emanzipation der Intuition. Zum Verhältnis von Psychotherapie und qualitativer Sozialforschung. *Integrative Therapie, 1*, 56–67.

Möller, H. (2013). Der Dialog im Coaching – ein methaphernanalytischer Zugang. *Positionen - Beiträge zur Beratung in der Arbeitswelt, 1*. Kassel: university press.

Möller, H., & Kotte, S. (2011). Die Zukunft der Coachingforschung. *Organisationsberatung Supervision Coaching, 18*(4), 445–456.

Moreno, J. L. (1996). *Die Grundlagen der Soziometrie. Wege zur Neuordnung der Gesellschaft* (4. Aufl.). Opladen: Leske & Budrich.

Nowak, K. (2007). Using wellness coaching as a talent management tool. *Selection & Development Review, 23*(5), 8–11.

Nowak, C. (2013). Diagnose der Teamsituation im Coaching mit Hilfe kreativer Verfahren. In H. Möller & S. Kotte (Hrsg.), *Diagnostik im Coaching. Grundlagen, Analyseebenen, Praxisbeispiele* (S. 281–296). Berlin: Springer.

Passmore, J. (2007). Using psychometrics and psychological tools in coaching. *Selection & Development Review, 23*(5), 3–5.

Passmore, J. (Hrsg.). (2008). *Psychometrics in coaching: Using psychological and psychometric tools for development*. London: Kogan Page.

Passmore, J. (Hrsg.). (2012). *Psychometrics in coaching: Using psychological and psychometric tools for development* (2. Aufl.). London: Kogan Page.

Racker, H. (2002). *Übertragung und Gegenübertragung. Studien zur psychoanalytischen Technik* (6. Aufl.). München: Reinhardt.

Reinecker, H. (1999). *Lehrbuch der Verhaltenstherapie*. Tübingen: DGVT.

Schaeffner, I. (2004). KODE als Ansatz für Coaching. Ein Erfahrungsbericht. In H. Voker, J. Erpenbeck, & H. Max (Hrsg.), *Kompetenzen erkennen, bilanzieren und entwickeln*. Münster: Waxmann.

Schaller, R. (2009). *Stellen Sie sich vor, Sie sind ... Das Ein-Personen-Rollenspiel in Beratung, Coaching und Therapie*. Bern: Huber.

Schein, E. H. (2004). *Karriereanker. Die verborgenen Muster in Ihrer beruflichen Entwicklung* (9. Aufl.). Darmstadt: Lanzenberger Dr. Looss Stadelmann (Original erschienen 1990: Career anchors. Discovering your real values).

Schermuly, C. C., Schermuly-Haupt, M.-L., Schölmerich, F., & Rauterberg, H. (2014). Zu Risiken und Nebenwirkungen lesen Sie… Negative Effekte von Coaching. *Zeitschrift für Arbeits- und Organisationspsychologie, 58*(1), 17–33.

Schermuly, C. C., Schröder, T., Nachtwei, J., & Scholl, W. (2010). Das Instrument zur Kodierung von Diskussionen (IKD): Ein Verfahren zur zeitökonomischen und validen Kodierung von Interaktionen in Organisationen. *Zeitschrift für Arbeitsund Organisationspsychologie, 54*, 149–170.

Schreyögg, A. (2013). Kreative Materialmedien als diagnostischer Zugang im Coaching. In H. Möller & S. Kotte (Hrsg.), *Diagnostik im Coaching. Grundlagen, Analyseebenen, Praxisbeispiele* (S. 165–181). Berlin: Springer.

Schuler, H. (2014). Psychologische Personalauswahl: Eignungsdiagnostik für Personalentscheidungen und Berufsberatung. Göttingen: Hogrefe.

Speierer, G.-W., Straumann, U., & Zimmermann-Lotz, C. (2010). Das Differenzielle Inkongruenz Modell (DIM) und seine Umsetzung in der Beratungspraxis: Wissenschaftliche Fundierung von Diagnostik in Beratungsprozessen. In G.-W. Speierer & M. Barg (Hrsg.), *Personzentrierte Psychotherapie und Beratung aktuell. 40 Jahre Gesellschaft für wissenschaftliche Gesprächspsychotherapie (GwG)*. Köln: GwG-Verlag.

Staggs, J., & Hurley, T. J. (2007). Using archetypes in coaching. *Selection & Development Review, 23*(5), 18–21.

Stavemann, H. H., & Stavemann, V. (2013). Kognitive Diagnostik im Coaching. In H. Möller & S. Kotte (Hrsg.), *Diagnostik im Coaching. Grundlagen, Analyseebenen, Praxisbeispiele* (S. 63–77). Berlin: Springer.

Stippler, M., & Möller, H. (2009). „Aber jetzt ist der Zeitpunkt reif für etwas anderes". Zur Weiterbildungsmotivation von TeilnehmerInnen einer Coachingausbildung. *Organisationsberatung, Supervision, Coaching, 1,* 72–85.

West-Leuer, B. (2003). Von Ist-Zustand zu Ist-Zustand: Coaching als spiraler Prozess. In B. West-Leuer & C. Sies (Hrsg.), *Coaching – Ein Kursbuch für die Psychodynamische Beratung* (S. 95–124). Stuttgart: Pfeiffer.